DAVID REVELLES
Y OSCAR ELIAS

HOTELES INSÓLITOS

ESPAÑA Y PORTUGAL

JonGlez

INTRODUCCIÓN

El hotel impersonal y corriente ha muerto. ¡Viva el hotel insólito! Mucho más que una tendencia hotelera pasajera, este grito de guerra es una certeza que cada vez más clientes reclaman a la hora de elegir un hotel en el que recalar para disfrutar de unos días de relax o de unas largas vacaciones. Se acabó el hotel anodino y sin personalidad; llegó la era del hotel con carácter, alojamientos sorprendentes, excepcionales, siempre apelando a la complicidad y a la sorpresa del huésped, cuando no al sentido del humor y a las emociones más profundas.

Hablamos, por tanto, de hoteles que trascienden la categoría de lugar de paso, de una simple cama donde dormir, para convertirse en un destino en sí mismos. Y, lo mejor de todo, es que singularidad no tiene por qué ser sinónimo de caro o lujo desmedido. Eso sí, lo que iguala a todos los huéspedes que se acercan a estos alojamientos es la curiosidad con la que recalan en ellos. Un carromato de circo, un hotel-iglú, una antigua plaza de toros, una fortaleza, tipis indios y yurtas mongol... ahí están todos para demostrarlo. Sin olvidar un ramillete de suites que harán las delicias de los huéspedes más mitómanos: no es baladí dormir en el mismo lugar donde lo hicieron The Beatles, Grace Kelly...

Así pues, con esas señas de identidad por bandera, hemos intentado reseñar en esta guía un singular retablo de alojamientos desparramados por España y Portugal, desde B&B hasta monasterios y palacios, que siempre son el resultado del trabajo, la creatividad y la pasión de sus creadores. Por ello, las palabras de éstos, nuestro particular homenaje a todos ellos, están muy presentes en esta guía. Esperamos, pues, que disfruten como hemos hecho nosotros, como una experiencia siempre enriquecedora de sensaciones. En definitiva, una estancia insólita y única.

David Revelles
Oscar Elías

Cualquier comentario sobre la guía o información sobre lugares no mencionados en la misma serán bienvenidos. Nos permitirá completar las futuras ediciones.

No duden en escribirnos:
• Editorial Jonglez, 17, boulevard du roi,
78000 Versailles, Francia
• E-mail : info@editorialjonglez.com

OCEANO ATLANTICO
FRANCIA
Mar Cantábrico
A Coruña
Gijón
Santander
Bilbo/Bilbao
Donostia/San Sebastián
Biarritz, Bordeaux
Santiago de Compostela
Lugo
Oviedo
Pontevedra
Vigo
Ourense
Ponferrada
León
Gasteiz/Vitoria
Iruñea/Pamplona
Pau
St-Gaudens
Andorra La Vella
Perpignan
Viana do Castelo
Braga
Bragança
Zamora
Valladolid
Burgos
Logroño
Soria
Font-Romeu
Gerona Girona
Porto
Vila Real
Salamanca
Segovia
Lleida/Lérida
Barcelona
Figueira da Foz
Viseu
Guarda
Ávila
Madrid
Tarragona
Coimbra
Leiria
Castelo Branco
Toledo
Castellón de la Plana
Estoril
LISBOA
Santarém
Cáceres
Badajoz
Mérida
Ciudad Real
Valencia
Mallorca
Menorca
Palma
Cabrera
Beja
Valdepeñas
Albacete
Ibiza
Eivissa
Islas Baleares
Formentera
Córdoba
Alicante
Elche
Lagos
Faro
Huelva
Sevilla
Jaén
Granada
Murcia
Cartagena
Cádiz
Málaga
Almería
Tarifa
Gibraltar
Estrecho de Gibraltar
Ceuta
OCEANO ATLANTICO
MAR MEDITERRANEO
ÁFRICA
Lanzarote
La Palma
Arrecife
Fuerteventura
Gomera
Tenerife
Gran Canaria
Hierro
OCEANO ATLANTICO
0   50   100 km
0   40 km

ÍNDICE

SPAIN

O SEMÁFORO

Alojarse en el confín del mundo

O Semáforo ❶
Faro de Finisterre s/n
15155 Finisterre (A Coruña)
+ 34 981 725 869
osemaforo@msn.com
www.osemaforo.com

Habitaciones y Tarifas
En temporada baja, el precio
de la habitación doble es de
95 € y el de la individual,
50 €. En temporada media
(del 1 al 30 de junio y del
1 de septiembre al 31 de
octubre), la habitación doble
cuesta 105 € y la individual,
55 €. Durante julio y agosto,
Semana Santa y Navidad
(del 20 de diciembre al 7
de enero) el precio de la
habitación doble es de 110 € y
el de la individual, 60 € (7%
IVA incluido). Posibilidad de
cama supletoria desde 12 €.
El desayuno no está incluido
(6,20 € / persona). Cerrado
el mes de noviembre.

Cómo Llegar
Desde A Coruña, seguir
la AP-55 hasta Carballo y
desde allí enlazar con la
C-552 dirección Vimianzo,
Corcubión y finalmente,
Finisterre. Atravesar el pueblo
y dirigirse hasta el Faro de
Finisterre. Desde Santiago de
Compostela, hay la opción
de dirigirse a A Coruña por
la AP-9 y desviarse poco
antes de llegar por la AP-6
dirección Carballo y tomar la
ruta anterior. O bien, atajar
por la C-1914, dirección
Portomouro y Berdolas, para
enlazar posteriormente con la
C-552, dirección Finisterre.

Finis Terrae (Fisterra en gallego), el último escalón antes de la vasta inmensidad del Atlántico, fue desde tiempos inmemoriales un lugar mágico. Hoy, este enclave ineludible de la fisonomía costera de A Coruña y de cualquier ruta por la Costa da Morte gallega, sigue trufado de leyendas paganas, del eco de naufragios en sus aguas y de uno de los ocasos más sobrecogedores que pueden contemplarse en el planeta. Por si todos estos no fueran alicientes más que suficientes para acercarse hasta el que durante siglos fue el confín del mundo, Fisterra cuenta con uno de los alojamientos más singulares de toda la geografía española: O Semáforo. Situado a 143 metros sobre el nivel del mar, a escasos pasos del emblemático faro de Finisterre, se levanta este antiguo puesto de vigilancia militar que, desde 1999, acoge un coqueto hotel de apenas cinco habitaciones. Su nombre hace referencia a los orígenes de este peculiar edificio que, desde finales del siglo XIX y hasta la construcción del faro, se comunicaba desde su privilegiado emplazamiento con los barcos a través de un código de banderas. Fue utilizado también como base meteorológica, hasta que hace 40 años el ejército lo abandonó y lo dejó caer en el olvido. Fue entonces cuando, entre 1997 y 1999, la Consejería de Turismo y la Xunta de Galicia rehabilitaron el edificio convirtiéndolo en lo que es hoy, un acogedor hotel que regala un aluvión de sensaciones difíciles de igualar por otros alojamientos.

En primer lugar, si algo caracteriza O semáforo, a parte de su inigualable ubicación en el extremo más occidental de la península, es la presencia infinita del mar. Alojarse en este hotel es lo más cercano a hacer una singladura por el Atlántico, con sus aguas a babor y a estribor, pero sin moverse del sitio. Claro está, el gigante azul reclama su protagonismo de todas las formas posibles: el olor a salitre, sobre todo al amanecer y al anochecer, impregna todos sus rincones, mientras los tonos cobres y rojizos se reflejan en

las paredes y se cuelan a través de las ventanas. "El mar nos alcanza por todos lados y su inconfundible aroma se cuela por todo el edificio, sobre todo en invierno, cuando las olas rompen de verdad y el viento arrastra hasta aquí las gotas de agua", cuenta Desiderio, el encargado de que los huéspedes —muchos de ellos, agotados peregrinos que finalizan en este punto su particular Camino de Santiago- se sientan como en casa. Lo cierto es que si hay un momento del año en el que alojarse en O Semáforo sea una experiencia única es en invierno, sobre todo para aquellos que quieren vivir en primera persona una galerna fisterrán.

La estructura del hotel, totalmente simétrica, es parecida a la del faro de Finisterre, en cuyas instalaciones se puede ver aún trabajar a los fareros. En los días de niebla, es impresionante escuchar la estruendosa bocina ("la vaca" la llaman los autóctonos), que resuena por todo el cabo y avisa a los buques de la cercanía de la costa. Es en esos días brumosos y fríos cuando degustar una taza de té caliente en el saloncito de la primera planta del hotel con un buen libro entre las manos se convierte en un regalo sibarita. Tampoco es mala ocasión para presentar a las papilas gustativas el sabor del marisco y el pescado fresco de la zona en alguna de las seis mesitas reservadas para los clientes que cuenta el hotel y en las que se sirve cocina gallega tradicional.

Las habitaciones son confortables, acogedoras y decoradas sin pretensiones. Las de la primera planta, son un poco más pequeñas y están dotadas de tres ventanas, y las de la segunda, abuhardilladas y con grandes ventanas en el techo, permiten observar las estrellas en una noche despejada. Eso sí, todas ofrecen magníficas vistas del mar. La cuestión entonces estriba en la perspectiva a escoger: unas están orientadas a la Ría de Corcubión y al impresionante Monte Pindo y otras al mar abierto, lo que conlleva o disfrutar de una magnífica salida de sol o de un melancólico ocaso. Difícil elección que puede convertirse en la excusa perfecta para volver en otra ocasión al hotel y seguir así disfrutando del lugar "donde la tierra acaba y la mar, que no acaba jamás, comienza a herir y a enamorar", como reflexionó el Premio Nobel de Literatura y gallego de pro, Camilo José Cela.

HOTEL SEMÁFORO DE BARES

El más septentrional de la Península Ibérica

HOTEL SEMÁFORO DE BARES ❷
Santa María de Bares
Mañón (A Coruña)
+ 34 981 417 147
/ 699 943 584
infor@hotelsemaforodebares.
com
www.hotelsemaforodebares.
com

HABITACIONES Y TARIFAS
Hay cinco tipos de habitaciones diferentes (dobles) con precios distintos según temporada. Los precios (IVA incluido) empiezan a partir de 41 € (adaptada), 56 € (abuhardillada), 76 € (estándar), 86 € (estándar superior) y 126 € (suite) por noche en temporada baja. El desayuno cuesta 8 €. El hotel cierra durante la segunda quincena de febrero y de octubre.

CÓMO LLEGAR
En el municipio de O Barqueiro se toma la carretera AC-100 en dirección a Bares. A 5 km se halla la Villa de Bares, que debe sobrepasarse. Se gira a la izquierda en dirección al Faro Estaca de Bares. Al inicio de este desvío y a la derecha hay una señal que indica la dirección al hotel, al que se sube por una estrecha carretera durante 1,8 km.

Este coqueto *hotel de naturaleza* se levanta altivo en la península de Estaca de Bares, en Galicia, conservando la silueta de lo que fue hasta 1960, una antigua batería del ejército construida a finales del siglo XIX cuya función fue de lo más variada: punto de comunicación con los barcos, puesto de observación, centro meteorológico... "El enclave es lo más especial del hotel, situado como está en un promontorio de acantilados de 210 metros sobre el nivel del mar, desde el cual se divisa tanto el océano Atlántico como el mar Cantábrico", explica Javi, el gerente de este establecimiento propiedad del Concello de Mañón. A finales de los 90 fue rehabilitado y en 2002 se convirtió en lo que es hoy, el alojamiento más al norte de la Península Ibérica, sólo superado por el faro de Estaca de Bares.

Antes de que el semáforo se convirtiera en alojamiento esta zona estaba abandonada, lo que no impidió que durante años mucha gente se acercara hasta este enclave de la costa gallega para admirar las vistas. Y como hay cosas que no cambian, el hotel sigue siendo un reclamo para todos aquellos que quieren huir del mundanal ruido. "Es un hotel pensado para parejas o viajeros solos con pretensiones de desconectar o, por qué no, de buscar inspiración", asegura Javi, quien apunta que, "aunque bonito todo el año, es cuando refresca que más gente llega atraída por vivir de cerca una galerna, ya que aquí cuando sopla lo hace con mucha fuerza". Es entonces cuando calentarse al lado de la lumbre de la chimenea, donde se asan castañas cuando es época, se convierte en el más confortable de los refugios.

El hotel dispone de seis habitaciones dobles de diferentes categorías -todas con cama de matrimonio, baño y televisor- y está compuesto por dos edificios separados por una amplia zona ajardinada. La piedra y la madera son una constante en todas las estancias, confiriéndole un toque rústico de lo más acogedor. En el edificio principal se encuentra la suite y dos habitaciones abuhardilladas con techos de cristal para

    HOTELES INSÓLITOS ESPAÑA Y PORTUGAL

contemplar las estrellas, un salón común con chimenea, el comedor y su delicioso restaurante, abierto a la carta durante los meses de verano y con reconfortantes menús el resto del año. En el otro edificio, conocido como el de la galería, se ubican el resto de habitaciones. Una estándar y una estándar superior están situadas en la planta superior. En la planta inferior se encuentra una habitación adaptada para clientes con alguna discapacidad y la sala de estar.

"Para mí, la habitación más especial del hotel es la suite, no sólo por ser la más amplia sino también por su chimenea de leña, imprescindible durante el invierno, y por las vistas", cacarea Javi. Efectivamente, las panorámicas que se disfrutan del exterior a través de los siete ventanales de la suite son, sencillamente, espectaculares. Un regalo postrero de este singular refugio en el que desconectar por completo.

PALLOZA BALTASAR

Astérix y Obélix la elegirían

PALLOZA BALTASAR ❸
Castelo de Donís, 3
27664 Cervantes (Lugo)
+ 34 982 161 825
/ 627 807 337

HABITACIONES Y TARIFAS
Con capacidad para
seis personas, tiene dos
habitaciones con cama de
matrimonio y dos camas
plegables en el altillo. Las
dos habitaciones dobles están
dotadas de baño y ducha y
la habitación superior tiene
un plato de ducha con agua
caliente. No hay servicio
de restauración, pero sí
una cocina totalmente
equipada. La tarifa es de
120 € la noche en régimen
de sólo alojamiento.
Abierto todo el año.

CÓMO LLEGAR
Desde Lugo, tomar la
autopista A-6 en dirección
Becerréa (salida 451). Una
vez allí, tomar la carretera
LU-722 hacia Navia de Suarna
durante 28 km. Cuando se
llega al pueblo, seguir en
dirección sur por la carretera
que va hacia Piornedo. Poco
antes de llegar, transcurridos
21 km, se encuentra la
aldea Castelo de Donís.
Un desvío a la derecha nos
lleva a la palloza (500 m).

Disfrutar de un alojamiento sacado de otro tiempo, de otra época. Esa es la consigna de todos los que recalan en la Palloza Baltasar. ¿La razón de esta congelación del tiempo? Emplazada en el Parque Natural Os Ancares, uno de los parajes más bellos del interior de Galicia, en la pequeña aldea de Castelo de Donís, la Palloza Baltasar es una vivienda prerromana reconvertida en un apartamento turístico, un alojamiento realmente singular en la que todavía late toda su acogedora rusticidad celta. Hasta hace poco este tipo de viviendas con techo de paja de centeno (*teito*) y forma cónica era la vivienda típica de esta zona de Galicia, aunque ahora la mayoría sólo se utilizan para guardar la paja y el ganado. "Palloza Baltasar es única en su género. No hay ninguna otra palloza por la zona de Lugo o de León que se alquile como alojamiento", explica Rafael, su propietario, quien la heredó de sus padres.

Lo cierto es que la sensación de estar adentrándose en un espacio ancestral se percibe desde el primer minuto en el que se dejan las maletas en su interior. Es como entrar en la casa de Astérix y Obélix en la antigua Galia, pero con los paisajes gallegos como marco. Uno de los alicientes de la Palloza Baltasar es que en ella pervive intacta la estructura celta de este tipo de viviendas, donde en un mismo recinto estaban ubicados la vivienda, el establo y el pajar. Eso sí, aquí el sabor añejo de sus muros y de su estética no están reñidos con todas las comodidades de una casa moderna: cuenta con dos baños, calefacción, tres habitaciones, cocina, sala de estar y comedor. Las paredes, robustos muros de piedra, son las originales, lo que le confiere una autenticidad única. "Se ha respetado también la iluminación para dar la sensación de cómo era una palloza antigua. Incluso se pueden ver aún los granos de la paja de centeno si uno sube al altillo. Los niños se lo pasan genial arriba", cuenta Rafael.

Las antiguas estancias de la vivienda celta, así como su *teito* han sido restauradas manteniendo todo su encanto. Por ejemplo, en el altillo, el antiguo gallinero y donde se almacenaba la paja, se encuentra una magnífica sala de estar donde también se han instalado dos camas plegables que hacen que dormir allí sea toda una experiencia. Lo que hoy es el comedor era el antiguo establo, donde se guardaban las vacas y otros animales. La palloza cuenta además con elementos antiguos auténticos, como una *lareira* de piedra ubicada en el comedor -donde antiguamente se hacía el fuego para calentar la comida y la estancia-, así como los ennegrecidos travesaños de madera que aún sostienen el techo.

SILKEN GRAN HOTEL DOMINE BILBAO

El reflejo del Guggenheim

SILKEN GRAN HOTEL DOMINE BILBAO ❹
Alameda de Mazarredo, 61
48009 Bilbao
+ 34 944 253 300
recepcion.domine@
hoteles-silken.com
www.hoteles-silken.com

HABITACIONES Y TARIFAS
Hay siete categorías de habitaciones. Los precios van desde los 117 € de la habitación básica a los 382,50 € de la suite (con reserva anticipada). Hay paquetes que incluyen desayuno, entradas al museo Guggenheim y ofertas de fin de semana.

CÓMO LLEGAR
Si se llega en avión, el hotel está a sólo 15 km del centro de la ciudad. El autobús de la línea Bizkaibus Aeropuerto-Bilbao tiene parada en Alameda de Recalde. Si se llega en metro, la parada más cercana es Moyúa.

Bilbao, ciudad cosmopolita y abierta a nuevas tendencias, acoge dos de las joyas más vanguardistas de España: el Museo Guggenheim, obra de Frank Ghery, y el Gran Hotel Domine, un maravilloso cinco estrellas diseñado íntegramente por Javier Mariscal, lo que lo cataloga como el primer hotel cien por cien de autor en España. Inaugurado hace ocho años —tuvo por madrinas nada más y nada menos que a Sofía Loren y a Diana Ross- su fabulosa arquitectura lo entronizó enseguida a nivel internacional como uno de los hoteles de diseño más singulares del mundo.

Pero no sólo el exterior del hotel busca el diálogo constante con el museo, también su interior, un verdadero viaje y homenaje al diseño del siglo XX y a figuras como Phillipe Starck, Le Corbusier, Mies van del Rohe, Alvar Aalto… "La sensación al pasar por las distintas estancias del hotel es de estar contemplando una colección de muebles que bien podría estar en un museo de arte moderno", explica Francisco Javier Campuzano, director del hotel. Todo -desde el uniforme del personal, la papelería, la ropa de cama, la ubicación de los objetos…- ha sido diseñado por Mariscal en colaboración con el interiorista Fernando Salas. Una mastodóntica obra de arte transmutada en un singular hotel donde el lujo sin ostentación es la constante. Si algo llama la atención sobremanera nada más poner un pie dentro del hotel es el atrio, que ilumina todo el interior gracias a la luz que entra a raudales por los ventanales superiores y los laterales. "La luz es uno de los puntos más sorprendentes del hotel, puesto que no es fácil conseguir tanta luminosidad en una ciudad como Bilbao", apunta Salas, para quien ese baño de claridad influye positivamente en el ánimo de los clientes, "principalmente amantes del arte y del diseño". Claro está, tampoco pasa desapercibida la escultura bautizada como Ciprés Fósil -una enorme figura de 26 metros de altura y 90 toneladas de peso firmada, cómo no, por Mariscal- que ocupa toda la verticalidad del hotel, desde el suelo hasta la terraza.

También se puede disfrutar del privilegiado mirador sobre el museo Guggenheim instalado en la parte superior del hotel, en la cúpula acristalada que corona el atrio y que compone el lucernario. Reposar en alguna de sus tumbonas frente al perfil orgánico del Guggenheim es el mejor emplazamiento para comprobar la veracidad de la afirmación del propio Ghery, para quien "en las noches con viento, pareciese como si su piel de titanio respirase".

ASTORIA7

Un hotel de cine

ASTORIA7 ❺
Sagrada Familia, 1 (esquina
Avenida Sancho el Sabio)
20010 San Sebastián
+ 34 943 445 000
info@astoria7hotel.com
www.astoria7hotel.com

HABITACIONES Y TARIFAS
La habitación individual
cuesta entre 70 y 148 € la
noche (IVA no incluido),
mientras que el precio de la
habitación doble y de la doble
superior es de 90-218 € y
105-253 €, respectivamente.
El precio de la suite, entre
200 y 280 €. El desayuno
(14 €) no está incluido. Cada
habitación dispone de minibar, secador de pelo y espejo
de aumento, cosméticos de
baño OMNICOM París, caja
fuerte, aire acondicionado y
calefacción, WiFi gratuito, TV
de plasma (la suite dispone
de un proyector con pantalla
retráctil) y reproductor DVD
(habitaciones superiores).

Hubo un tiempo en que Hollywood acogió más estrellas que el firmamento, pero nunca se logró juntarlas a todas en un sólo edificio, en un hotel para ser exactos, para uso y disfrute de los mitómanos del celuloide. De eso se ha encargado el Astoria 7, un hotel cuatro estrellas construido sobre los cimientos de una de las salas de cine míticas de la ciudad guipuzcoana de San Sebastián en cuyas habitaciones *habitan* más de cien estrellas.

Para ser exactos, 102, los nombres propios de los actores, actrices y directores del cine español e internacional que tematizan sus 102 habitaciones. Éstas -10 individuales, 40 twin estándar, 36 estándar, 15 dobles superiores y 1 suite- son auténticos homenajes a sus carreras cinematográficas y, sobre todo, un recuerdo a su paso por el Festival Internacional de Cine de San Sebastián, una de las grandes citas del cine europeo desde su primera edición en 1953. El confort y un mimo exquisito por los pequeños detalles son las señas de las estancias del hotel: todas las habitaciones cuentan con TV LCD de plasma (el mejor aliado para poder ver como se merecen los títulos de las colecciones de DVDs con las que cuentan las habitaciones), conexión inalámbrica a Internet con WiFi gratuito, edredones nórdicos…

Así pues, la pregunta "¿Qué estrella le acompañará esta noche?" que reza en la recepción no es baladí. Las hay para todos los gustos, estilos y épocas: la belleza serena de Audrey Hepburn, la mirada socarrona de Woody Allen, el sello español de Antonio Banderas, el genio de Steven Spielberg…

Abierto a los clientes en abril de 2009, todos los espacios del Astoria 7 (¡todos, desde la recepción, donde el huésped es recibido por la alfombra roja de rigor!) destilan pasión por el Séptimo Arte. Su biblioteca, por ejemplo, con los ojos violeta de la recientemente desaparecida Liz Taylor oteando al personal que recala aquí, atesora 250 películas de todas las épocas y géneros que pueden ser proyectadas a petición de los clientes en el proyector del *hall*.

Todos los detalles del hotel, hasta los más nimios, son un guiño a los amantes del cine. Un ejemplo es el logotipo del hotel, inspirado en el encuadre que los directores de cine realizan con las manos para estudiar un plano antes de rodarlo. Otro: en el Astoria 7 el tiempo corre parejo al cine como se encargan de recordar los relojes desperdigados por los pasillos del hotel que marcan las horas de certámenes como el Festival de Cine de Tokio, La Mostra de Venecia, el Festival Internacional de Cine de Pusan (Corea del Sur)…

Cómo olvidar una de las coordenadas míticas del hotel, "la cafetería del Astoria", una institución en la ciudad y punto de encuentro de varias generaciones de donostiarras donde no hay que dejar de degustar pintxos con inspiración cinematográfica. Aunque si hay una joya en el hotel que condensa la pasión por el cine ésa es su única suite. Dedicada al director Alfred Hitchcok (un secreto: el director Alejandro Amenábar fue uno de los primeros en alojarse en ella) está trufada de guiños cinéfilos a la figura del director más conocido de la historia del cine y que pasó por el Festival en 1958 para presentar su película *Vértigo*: desde una completa colección de libros sobre la filmografía del

mago del suspense, retratos de su ronda figura (¿cómo olvidar un despertar con un retrato suyo en la mesilla de noche?) y de algunas de sus musas como Grace Kelly o Janet Leigh, hasta una amplísima videoteca con sus películas más famosas para verlas en el televisor LCD de 32" o (mucho mejor) en la pantalla del proyector retráctil que hay sobre la cama.

Una habitación, como todo el hotel, vertiginosamente genial.

AIRE DE BARDENAS

"Ventanas habitables" con vistas a un trigal

AIRE DE BARDENAS ❻
Ctra. de Ejea, Km 1,5
31500 Tudela (Navarra)
+ 34 948 116 666
info@hotelaire.com
www.airedebardenas.com

HABITACIONES Y TARIFAS
22 habitaciones (4 son suites).
A partir de 165 € la
habitación doble con
patio privado, 225 € el
cubo exterior con patio y
bañera exterior, y 290 € la
suite con patio privado.

CÓMO LLEGAR
Desde Zaragoza o Logroño,
siguiendo la AP-68, hay
que tomar la salida 18 en
dirección Tudela para luego,
en la rotonda, seguir la
dirección Parque Natural
de Bardenas. Luego hay que
tomar el acceso a la autovía
A-68 dirección Zaragoza
(sin entrar en la ciudad) y
la salida 98 (Tudela Sur).
Finalmente, girar a la
derecha dirección Ejea de los
Caballeros por la NA-125.

El Cierzo, el viento del noroeste que azota las Bardenas Reales de Navarra, mece con brío el trigal en el que se asienta el Aire de Bardenas. Situado en el límite de este Parque Natural, un paraíso desértico más propio de Arizona que del norte peninsular, y a sólo 3 km de la ciudad de Tudela, este cuatro estrellas tiene muy claro qué ofrece a sus clientes: un paisaje único, tan sereno como despojado, un escenario que invita al sosiego a nada que se deja libre la mirada desde la calidez y confort de sus habitaciones. Cuando se levante por mañana y contemple ese paisaje -por un lado, las áridas Bardenas; por otro lado, las plantaciones de regadío de La Ribera tudelana y el caudaloso río Ebro a su paso- entenderá esa sensación. La construcción del hotel es ligera, discreta, mimetizada con el paisaje como las construcciones agrícolas de la zona. Paz, naturaleza y diseño, esas son las credenciales de una obra de virtuosismo arquitectónico, alumbrada por los arquitectos Mónica Rivera y Emiliano López.

La gran originalidad de este hotel son sus curiosas "ventanas habitables", miradores protegidos que invitan a sentir que se está en el exterior (¿o es tal vez el exterior el que se adentra en la habitación?): las ventanas cumplen la función de sofá y de cama supletoria, y se convierten en un rincón donde leer, echarse una siesta o ver la televisión en la pantalla integrada en uno de los laterales...

Otras singularidades: la gran bañera doble de una de las suites o la bañera de metal que uno de los cubos tiene en su exterior. "Son nuestros particulares regalos de lujo a nuestros huéspedes para que puedan saborear el carácter rural y la belleza austera que nos rodea, la mística del paisaje bardenero", afirma Natalia Pérez, directora y propietaria del hotel.

HOTEL
AIRE DE
BARDENAS

HOTEL TXIMISTA

Dormir en una antigua harinera

Hotel Tximista ❼
Zaldu, 15, 31200
Estella (Navarra)
+34 948 555 870
info@hoteltximista.com
www.hoteltximista.com

Habitaciones y Tarifas
Entre 60 € y 185 €
(IVA no incluido).
El desayuno buffet
cuesta 10 €

En el siglo XIX, el río Ega era, a su paso por Estella era pura energía que movía los molinos de esta antigua harinera, hoy reconvertida en un vanguardista hotel de 4 estrellas en cuyos antiguos silos octogonales para almacenar el grano se ubican la mayoría de sus 29 habitaciones. Mucho debe el carácter singular de este hotel a la labor del arquitecto Gorka Marcuerquiaga a la hora de transformar este conjunto industrial decimonónico, de interés histórico y arquitectónico, sin borrar su fisonomía y personalidad originaria. Esa pretensión de no olvidar se percibe, sobre todo, en el interior de la harinera, donde los conductos de madera por donde circulaba el grano o la maquinaria de la época para el molino están presentes en forma de peculiar mobiliario industrial.

HOTEL CUEVA TARDIENTA-MONEGROS

Un espejismo troglodita en Los Monegros

HOTEL CUEVA TARDIENTA-MONEGROS ❽
Aeródromo de
Tardienta, Huesca
+34 974 340 163 /
609 638 243
info@tardientamonegros.
com
www.hotelcueva.com

HABITACIONES Y TARIFAS
El precio de la habitación
y desayuno (2 personas)
es de 140 € todo
el año (IVA incluido).

Ya sea por su creatividad hiperactiva, por su osadía maña o por los calores desérticos de Los Monegros, un día José Manuel Ayuda decidió excavar la montaña que había junto al aéródromo de Tardienta que gestiona. Dicho y hecho. Tras extraer miles de metros cúbicos de tierra el resultado fueron 8 habitaciones dobles en torno a un patio interior que emulan las oquedades de una cueva. Si peculiar es esta propuesta troglodita no lo son menos los aderezos con los que los huéspedes que recalan aquí suelen complementar su estancia: cenas árabes con las que José Manuel (y sobre todo su madre con su delicioso cuscús) agasaja a los huéspedes en la jaima que se trajo directamente de Marrakech. Otras opciones son paseos en ultraligero, excursiones surrealistas por la aridez desértica en *La Monegrina* (¡una cosechadora!), visitar los camellos que José Manuel tiene en su *castillo* o pasear en el *Pájaro uy uy uy* (un aerocarro).

HOTEL MARQUÉS DE RISCAL

Descanso de lujo entre vides

Hotel Marqués de Riscal **9**
Calle Torrea, 1,
01340 Elciego (Álava)
+ 34
Cómo llegar
945 180 880
reservations.
marquesderiscal@
luxurycollection.com
www.hotel-
marquesderiscal.com

Habitaciones y Tarifas

El Marqués de Riscal, un Hotel Luxury Collection de la cadena Starwood Hotels & Resorts, cuenta con 43 habitaciones (diez de las cuales son suites) distribuidas en dos edificios unidos por una pasarela volada; todas las estancias son diferentes y únicas, tanto por sus formas como por sus vistas. Cada habitación está insonorizada y equipada con aire acondicionado, acceso de alta velocidad a Internet, televisores LCD de Bang & Olufsen, teléfonos IP Cisco, instalaciones Luxury Collection. Desde 275 € hasta 1.550 € (desayuno incluido).

Hay ensoñaciones con tintes inverosímiles que, cinceladas en la imaginación y hechas de la misma pasta que la de los sueños, en ocasiones se convierten en hoteles únicos en los que al menos una vez en la vida merece la pena reposar. En el corazón de las bodegas de los Vinos Herederos del Marqués de Riscal, frente al pueblo de Elciego, en plena Rioja Alavesa, hay una de esas maravillas: el Marqués de Riscal, un Hotel Luxury Collection que desde su inauguración en 2006 no ha dejado de posicionarse como uno de los alojamientos más sofisticados y singulares del mundo. Razones no le faltan, desde luego. Para empezar su génesis, que no fue otra que la imaginación del celebérrimo arquitecto Frank O. Gehry. En otoño, acercarse poco a poco al hotel desde la carretera y contemplar desde la lejanía las fastuosas siluetas de titanio y acero levitando entre las vides encendidas de rojos, amarillos y marrones es ya una estampa por la que merece llegar hasta aquí. Lo más curioso es que el alarde de vanguardia arquitectónica de Gehry no desentona lo más mínimo ni con la sede de las Bodegas -diseñadas en 1858- ni con las estampa medieval de Elciego. Propiamente dicho, el hotel es una conjugación perfecta de tradición vinícola y virtuosismo tecnológico. La decoración interior de sus 43 habitaciones —diez de ellas suites, en su mayoría ubicadas en el ala del Spa- fue diseñada por el propio Gehry exclusivamente para el hotel, un sello personal que, aderezado con diseños de Aalvar Alto, contribuye a hacer de las estancias espacios confortables donde la más avanzada tecnología está siempre presente. Pero alojarse en el Marqués de Riscal es mucho más que disfrutar de un alarde de diseño en sus estancias. De hecho, el hotel está trufado de rincones sublimes donde mimar los sentidos. Dos de esas propuestas de lujo son tanto el Restaurante gastronómico del hotel, bajo la batuta del Chef Francis Paniego —no deje de saborear platos estrella como el solomillo de rape negro sobre purrusalda con suero de

Desde Bilbao, tome la autopista E-70 y continúe por la autopista A8 hacia Vitoria-Burgos y siga la autopista AP68 dirección Logroño/Zaragoza; tome la salida 10 a Cenicero para luego engarzar con la N-232 para, tras un kilómetro, girar a la izquierda hacia Cenicero (LR-512). Tras girar a la derecha hacia Elciego (A-3210), conduzca 6 km hacia Elciego, donde se encuentra el hotel. Desde Madrid, conduzca por la A-1 en dirección Burgos para, tras tomar la salida AP-68 en dirección a Logroño, tomar la salida a Cenicero (Salida 10) y de ahí a Elciego. Desde Barcelona, siga la autopista AP-7 hacia Zaragoza e incorpórese a la AP-68. Tras tomar la salida Cenicero (Salida 10) seguir por LR-512 y luego a Elciego (A-3210).

queso fresco-, como la fusión de tradición e innovación que el joven José Ramón Piñeiro ofrece en el Bistró 1860. Claro está, todo ello regado como mandan los cánones con cualquier caldo de las Bodegas de los Vinos de los Herederos del Marqués de Riscal. Otro de los enclaves deliciosos del hotel es su salón VIP con biblioteca y chimenea (la mejor compañera en invierno junto a un buen libro), sobre todo por las magníficas panorámicas de la Sierra de Cantabria que regala la azotea. Aunque no hay ningún lugar como el *sancta sanctorum* de las míticas bodegas al que los huéspedes del hotel tienen el privilegio de acceder si así lo desean: La Catedral, las mismísimas entrañas de la bodega Marqués de Riscal, el santuario donde se custodian miles de botellas de incalculable valor desde su primera añada (1862). Un universo sagrado donde los soberanos son el tiempo, el vino y el silencio.

HOTEL VIURA

Diseño rompedor entre viñedos

HOTEL VIURA ❿
Calle Mayor s/n
01307 Villabuena de
Álava (Álava)
+ 34 945 609 000
info@hotelviura.com
www.hotelviura.com

HABITACIONES Y TARIFAS
Distribuido en tres plantas,
el hotel cuenta con 33
habitaciones, 13 Viura
(estándar), 14 Deluxe y
6 suites. El precio de las
habitaciones Viura, para dos
personas, es de entre 110 y
255 €; el de las Deluxe y las
Suites es de 130 a 300 € y
190 y 440€, respectivamente.
En el precio no está incluido
el IVA. Sí el desayuno
continental. Las habitaciones
disponen de un bar privado
con una selección de vinos de
La Rioja en el que las bebidas
no alcohólicas son gratuitas.

CÓMO LLEGAR
El hotel se encuentra a 40 km
de Logroño, 44 de Vitoria y
111 de Burgos y Bilbao. Desde
Logroño, tomar la A-124
hasta Samaniego. Desde allí
seguir las indicaciones hasta
Villabuena de Álava. Desde
Vitoria, seguir recto por la
A-2124 hasta la confluencia
con la A-124 y desde allí
seguir las indicaciones. El
hotel está pasado Eliza Plaza.

Los apenas 300 vecinos de Villabuena de Álava, un pueblecito engastado entre un océano de vides en medio de la Rioja alavesa, son unos auténticos privilegiados. Lo son no sólo por disfrutar de la quietud y los biorritmos propios de una pequeña localidad 100% vinícola, sino porque disfrutan como pocos de la contemplación de una auténtica obra de arte en forma de alojamiento de diseño: el hotel Viura, un cuatro estrellas abierto al público en marzo de 2010. Diseñado por la firma Designhouses, propietarios del hotel, destaca por su vanguardista arquitectura, una transgresora propuesta de diseño que, sin embargo, se integra sin esfuerzo en el entorno rural del pueblo. Formada por un enjambre de cubos superpuestos, destaca su impactante fachada, un caleidoscopio de formas y colores organizados en aparente caos que permite increíbles juegos de luces. A un paso de este derroche de diseño rompedor, la Plaza Mayor y la iglesia de San Andrés, construida entre 1538 y 1728 y pegada al hotel, se encargan de brindar el contrapunto de tiempos y diseños. Como dicen los paisanos, si contemplas de frente la fachada del Viura es lo más parecido a un racimo de uvas recostado sobre la colina en la que se asienta Villabuena de Álava, antes de que ésta descienda hacia la ribera del río Herrera. Eso sí, más allá del virtuosismo arquitectónico, el Viura es un alojamiento único por las infinitas reminiscencias a la cultura vinícola que destilan todos sus rincones. Para empezar, su propio nombre, ya que viura es la típica uva con la que se hace el vino blanco que se produce en la zona de la Rioja alavesa. No es el único ejemplo: en los techos de sus pasillos cuelgan las duelas de las barricas, los números de las habitaciones están garabateados a tiza a modo de vieja bodega, el techo del Restaurante Viura está forrado con antiguas barricas de vino… Una sugerencia: 10 de las estancias de la última planta cuentan con terraza privada donde el huésped disfruta más si cabe del mimetismo del hotel con su entorno. No es la única atalaya desde la que dejar vagar la mirada por el paisaje montañoso. De hecho, uno de los espacios más sublimes del Viura es su espectacular *lounge* situado en la terraza del último piso del hotel, una terraza ajardinada que brinda vistas espectaculares de los alrededores y que merece la pena saborear sobre todo con el ocaso y con una copa de vino riojano en la mano.

EL MILANO REAL

Para contemplar las estrellas

El Milano Real ⓫
c/ Del Toledo s/n
05634 Hoyos del Espino
+ 34 920 349 108
info@elmilanoreal.com
www.elmilanoreal.com

Habitaciones y Tarifas
Los precios de las
habitaciones se reparten en
107 € la habitación doble,
156 € la doble superior y 196
€ la suite. Los desayunos de
8 a 15 euros. Las estancias
entre semana cuentan con
un 20% de descuento.

Cómo Llegar
A menos de dos horas de
Madrid (178 km) y de
50 minutos de Ávila (65
km) si se llega en coche.
Tres aeropuertos cercanos
—Madrid, Valladolid y
Salamanca- permiten un
buen acceso al hotel.

Encaramado en una ladera del pequeño pueblo de Hoyos del Espino (Ávila), en pleno corazón de la cara norte de la Reserva Nacional de la Sierra de Gredos, el hotel El Milano Real es un alojamiento único en su género desde el que tocar las estrellas. Lo es por muchas razones.

La primera, porque es el único hotel de España que ofrece a sus huéspedes la oportunidad de rastrear el firmamento desde una espectacular cúpula de observación astronómica, situada a 1.500 metros de altura. ¡Una aventura única para los apasionados por la astronomía! Para comprobarlo sólo hay que encaramarse a las alturas del observatorio y, aprovechando los excepcionales cielos de la Sierra de Gredos —uno de los enclaves de la Península Ibérica con menos contaminación lumínica y atmosférica- dejar vagar la mirada por las estrellas, los planetas y las nebulosas que desvela el potentísimo telescopio MEADE LX90 con el que está equipado el observatorio. "Es un telescopio electrónico semiprofesional con 250 mm de espejo y una focal de 10 cm", explica con pasión y sapiencia astrofísica Paco Rico, propietario junto a su mujer, Teresa Dorn, de este delicioso hotelito.

Los increíbles anillos de Saturno desde diciembre a junio, la galaxia de Andrómeda de junio a noviembre y millones y millones de estrellas, constelaciones y cúmulos danzando en el cielo de Gredos Eso es lo que ofrece la sesión de observación astronómica guiada —de una hora de duración y disponible en cualquier época del año siempre que el tiempo lo permita- que, cada anochecer, ofrece a aquellos clientes que la solicitan (18 € por persona; niños a partir de 10 años) Paco, el mejor cicerone de los cielos de Gredos, una clase magistral que se complementa con una explicación utilizando programas de ordenador.

"La mayoría de clientes hace la reserva en nuestro hotel junto con la sesión astronómica —explica Paco, apasionado autodidacta de la astrofísica-, aunque si hay alguien que no lo hace y le apetece cuando está hospedado aquí sólo tiene que apuntarse en la lista de recepción. Debido a los movimientos de traslación y rotación de la Tierra, los planetas, cúmulos y nebulosas visibles desde el observatorio varían en función de la época del año.

"En verano hay más cosas que ver, pero el inconveniente es que anochece más tarde y hasta las 22.30 no puedes poner el telescopio en funcionamiento, con lo que sólo hacemos dos sesiones, aunque el estío permite disfrutar de espectáculos celestes como las Lágrimas de San Lorenzo, entre el 10 y el 14 de agosto, sencillamente, tumbándose en las hamacas del jardín", explica Paco, quien recuerda cómo en invierno la ventaja es que las sesiones empiezan más temprano (19.30), lo que permite hacer tres sesiones y con una visión mucho más nítida que durante el verano. Pero si las estrellas son el principal atractivo para recalar en El Milano Real, no hay duda, Paco y Teresa, hoteleros apasionados que hace más de 15 años cambiaron sus vidas como altos ejecutivos en sus respectivas multinacionales por el trato exquisito, familiar y relajado que brindan en este hotel, son el alma de este acogedor alojamiento.

El Milano Real ofrece un sugerente retablo de habitaciones que incluye 5 dobles superiores, 8 dobles y 8 fantásticas suites temáticas. En estas últimas, gracias a toques decorativos sutiles -lujazos como la bañera de hidromasaje- es posible disfrutar de una noche nórdica, japonesa, colonial, árabe. Además de espacios únicos para disfrutar al ritmo de las estaciones —el salón con chimenea es el mejor lugar para contemplar cómo la nieve lo cubre todo—, no hay que olvidar joyas como su spa, Aguas de Gredos, una instalación de vanguardia en la que dejarse acariciar por su circuito de hidroterapia o dar unas brazadas en su piscina climatizada. Por si todos estos alicientes no fueran suficientes, los gourmets saben que la cocina de El Milano Real es una referencia gastronómica en la zona.

Sus señas de identidad son sólidas y atractivas como las vistas del Circo de Gredos que se otean desde el comedor: calidad de los productos (del huerto que cuida con pasión Teresa salen deliciosas judías verdes, calabacines, frambuesas) y una apuesta por la cocina tradicional (¡no

hay que dejar de probar la ternera de Ávila o los quesos de cabra de la cara sur de la sierra!), con un sofisticado toque innovador. Moraleja: El Milano Real es un hotel único en el que acunar los sentidos entre estrellas.

ACTIVIDADES

Los amantes de las caminatas por la montaña, la naturaleza en estado puro y la búsqueda de un lugar donde desconectar durante unos días del ajetreo diario saben que El Milano Real es una opción segura. La impresionante panorámica del Circo de Gredos, la parte central de la sierra donde se encuentran las cumbres más altas entre la que destaca el pico del Almanzor (2.600 m) y habitantes ilustres y endémicos de la zona como la cabra hispánica, es la mejor garantía. Paco y Teresa siempre están dispuestos a indicar, según las ganas de andar y el tiempo disponible, alguna de las 15 rutas que, con diferentes grados de dificultad, parten desde el hotel. También cuentan con una guía detallada para hacer tres rutas en la cara norte, cruzar Gredos (ruta de un día) y tres rutas en la cara sur. Sobre todo en primavera, el hotel se convierte en una coordenada ineludible para los *birdwatchers*, apasionados por el avistamiento y fotografía de aves que en esta zona encuentran su particular paraíso. Para los niños no faltan actividades como paseos en burro y visitas a granjas cercanas, aventuras en los árboles (a partir de 8 años) o tiro con arco.

ISLA DEL BURGUILLO

Una ínsula de leyenda en Ávila

ISLA DEL BURGUILLO ⑫
Embalse de Burguillo
05278 Ávila
+ 34 915 427 841
www.isladelburguillo.es

HABITACIONES Y TARIFAS
El precio del alquiler de
la isla y del castillo en
su totalidad es de 500 €
al día, con una estancia
mínima de tres noches. El
alquiler semanal asciende
a 2.800 €. No se alquilan
habitaciones individuales.
Sin servicio de restauración.

CÓMO LLEGAR
La isla se encuentra a una
hora en coche de Madrid.
Coger la M-501 hasta San
Martín de Valdeiglesias.
A continuación, tomar la
N-403 hasta el kilómetro
98, donde se ve la indicación
al Embalse de Burguillo.
Continuar hasta allí y dejar
el coche estacionado en
la parcela privada en la
orilla. Se accede a la isla
con una barca de remos en
pocos minutos. El Tiemblo
y El Barrano son las dos
poblaciones más próximas,
a sólo diez minutos.

De acuerdo, no es la Avalón del rey Arturo, pero si existiera un *casting* de islas con sabor a leyenda la que se yergue sobre las aguas del embalse del Burguillo, en Ávila, una espectacular ínsula de 8.000 m^2 coronada por un castillo medieval, pasaría el corte sin problemas. Ubicada en la reserva natural del Valle de Hiruelas y declarada zona especial de protección de aves —hay una colonia de buitres negros que ayuda a crear ambiente- la Isla del Burguillo atesora, en realidad, uno de los alojamientos más curiosos en su género de España: un fabuloso castillo almenado que se erige altivo en un extremo de la isla, en la orilla próxima a tierra firme. Como confiesa Yolanda, la propietaria de la isla, "pasar unos días alojado en el castillo traslada al huésped a una época de caballeros y doncellas que sólo pervive en los libros". "Mi padre adquirió la isla en la segunda mitad del siglo XX y aunque nunca tuviera en mente hacer un alojamiento rural cuando construyó el castillo y amuralló la isla, cuando yo me hice cargo de la propiedad hace unos años me di cuenta de que era algo que merecía la pena y necesitaba ser compartido", relata Yolanda.

Con capacidad para entre ocho y diez personas, la fortaleza ofrece la posibilidad de pasar unos días -el alquiler, de tres días mínimos, da derecho al disfrute exclusivo tanto del castillo como de la isla- en un alojamiento único. El castillo almenado consta de diferentes plantas y estancias. En la planta baja un amplio porche sirve de acceso al interior del castillo. En esta planta se encuentra la cocina-comedor con chimenea que ya quisiera para sí Arturo y Ginebra en Camelot y una robusta mesa de madera -¡lástima, no es Redonda!- para ocho comensales, la bodega y dos dormitorios individuales. En la primera planta se encuentra una amplia sala de estar con un sofá-cama, mobiliario de época y una chimenea donde calentarse durante los fríos inviernos castellanos. En este piso hay también un dormitorio con cama de matrimonio y otro con una litera

de dos camas así como un baño completo. El amplio salón de la primera planta da a una espléndida terraza almenada con vistas privilegiadas del embalse del Burguillo. A través de ella se llega a la torre de vigilancia, que alberga otro dormitorio con cama de matrimonio y baño con ducha en suite. "Para mí unos de los rincones privilegiados del castillo es el torreón, desde donde se puede disfrutar de unas vistas en 360 grados de los alrededores de la isla y, por la noche, de un cielo inmenso cubierto de estrellas, en el que ningún foco de luz le resta protagonismo", confiesa Yolanda.

La isla apenas tiene pendientes y cuenta con una nutrida arboleda que por una suerte de sortilegio merlinesco esconde el castillo de las miradas furtivas —sólo es visible desde la carretera o alguna vereda senderista cercana-, lo que le confiere una gran privacidad, dentro de un entorno bello y singular. De hecho, sólo es posible acceder a los dominios de la isla cruzando el embalse a nado o en barca. Una muralla de piedra granítica de cuatro metros de altura rodea toda la isla. Alguien dirá que es pura sugestión o el efecto del humo de las magníficas barbacoas que pueden hacerse en la explanada frente al porche del castillo, pero lo cierto es que desde las alturas de la muralla, cuando temblorosos jirones de bruma se alzan de las aguas del embalse del Burguillo, no es difícil imaginar a la Dama del Lago emergiendo con su brazo extendido para que le entreguemos la mismísima Excalibur.

ACTIVIDADES

La mayoría de los huéspedes aprovecha la isla para divertirse en las inmediaciones del castillo y en sus pequeñas playas que, según el nivel de agua del embalse, facilitan el acceso al agua para darse un refrescante baño en verano. También es posible hacer piragüismo o remo. Fuera de la isla pueden hacerse excursiones por la reserva natural del Valle de Hiruelas, como la que va hasta el Castañar del Tiemblo, un magnífico bosque de castaños con un imponente ejemplar centenario.

CASA DE MADRID

La 'guesthouse' más aristocrática

CASA DE MADRID ⑬
Calle Arrieta, 2, 2º
piso, Madrid
+34 915 595 791
infomadrid@casademadrid
www.casademadrid.com

HABITACIONES Y TARIFAS
Entre 195 € la habitación
individual y 390 € la
Suite Damasco.
Desayuno incluido.

A un paso del Teatro Real y con vistas a la Plaza de Oriente y al Palacio Real, los casi 500 m2 de este piso de un edificio de finales del siglo XVIII acogen, sin duda, el alojamiento más distinguido de Madrid. Lo es gracias -o sobre todo- al *savoir faire* de su propietaria y siempre anfitriona de sus huéspedes, la aristócrata Marta Medina, quien en 2003 decidió abrir las puertas de su casa a todo aquel que quisiera adentrarse en sus biorritmos. En este lujoso alojamiento para sibaritas todo llama la atención: los frescos del salón -una interpretación de la casa romana de Livia-, alfombras persas, mármoles de Carrara, la biblioteca privada… El colofón son sus 7 exclusivas habitaciones, algunas increíbles como la suite Damasco, cuyos dos balcones gozan de las mejores vistas del Teatro y del Palacio Real. ¿Un aliciente más? Puede compartir alojamiento con el tenor Plácido Domingo, un cliente fijo siempre que actúa en el Teatro Real.

un objeto y éste
hay deseos ll

DORMIRDCINE

'Cooltural rooms' para cinéfilos

Dormirdcine ⓮
Príncipe de Vergara, 87
28006 Madrid
+ 34 91 411 08 09
info@dormirdcine.com
www.dormirdcine.com

Habitaciones y Tarifas
Las 85 habitaciones que forman DORMIRDCINE están distribuidas en 8 individuales, 74 dobles/dobles para uso individual y 3 de tipo superior con camerino. El precio de las primeras es de 90€, mientras que el de las dobles y las de tipo superior es de 100€ y 115€ (IVA no incluido). En el precio no está incluido el desayuno (10€ por persona). También disponen de habitaciones comunicadas para familias. Todas las habitaciones cuentan con un baño completo, aire acondicionado y camas Premium, así como TV de 32" con películas sin interrupciones *don't pay per view,* canales internacionales, prensa, radio y música, así como acceso a Internet gratuito, minibar y caja fuerte con capacidad para portátil. En el restaurante, donde degustar comidas y cenas a la carta, el chef Chema Gómez propone un menú formado por un elenco de platos de comida casera con una excelente calidad-precio (menús de 12€ y 18€).

Una supernova de creatividad, de color y de energía cosmopolita y, sobre todo, de pasión por la cultura urbana y el Séptimo Arte. En todo eso es en lo que, desde su inauguración en 2010, se ha convertido DORMIRDCINE, sin duda, uno de los formatos de alojamiento más atractivos y novedosos con los que cuenta la ciudad de Madrid. Porque DORMIRDCINE es mucho más que un lugar de paso, de un compendio de habitaciones confortables y con un diseño de vanguardia por las que transitar durante una estancia en la capital española. Como explica Marián Martínez, su directora, "se trata de un nuevo concepto de alojamiento destinado a la difusión cultural, una residencia cultural más que un hotel al uso en la que todos sus asistentes participan de forma activa de las actividades programadas, ya sea como actores de la misma o como simples espectadores. La idea es ofrecer al viajero cultural un cúmulo de experiencias, convertirnos en taller donde todo viajero puede realizar una parada y participar". A ello contribuyen, desde que el cliente se adentra en el hall con dos gigantescos graffitis de los hermanos Marx y Chihiro dándole la bienvenida, la decoración -el concepto de diseño fue concebido por la arquitecta de interiores Eva Almohacid- y l a variopinta actividad que hierve siempre en algunas de sus salas (sin duda, uno de los alicientes de recalar aquí es que siempre hay exposiciones, coloquios, performances o charlas por las que dejarse seducir)

A este zarandeo emotivo y de experiencias con el que DORMIRDCINE agasaja al viajero cultural se suma el personal, conocedores de todo lo que se cuece en la gran marmita que es Madrid y a los que no hay que dejar de consultar. En realidad, el objetivo del proyecto era crear un espacio que perpetuara el legado de la antigua Residencia de Estudiantes de Santo Tomás de Villanueva y que, dirigida al mundo de la cultura y del arte, se convirtiera en una referencia de lo que se cuece en la capital. Claro está, ¿qué mejor forma de zambullirse en el meollo cultural de

María Bonita

Acuérdate de Acapulco de aquella noche María Bonita, María del alma; acuérdate que en la playa, las estrellitas con tus manitas las enjuagabas. Tu cuerpo, del mar juguete nave al garete, venían las olas, lo columpiaban y mientras yo te miraba, el que hiciste que en mi brotara.

Te dije muchas palabras, de esas bonitas con que se arrullan los corazones pidiendo que me quisieras, que convirtieras en realidades mis ilusiones.

La luna que nos miraba ya hacía ratito se hizo un poquito desentendida y cuando la vi, mi pensamiento me traicionaba; mi sentimiento.

Amores habrás tenido muchos amores María Bonita, María del alma, pero ninguno tan bueno ni tan honrado como el que me hiciste, para besarte y así entregarte toda mi vida, porque te sientes idolatrada. Una ofrenda para dejarla bajo tus plantas.

Madrid que de la mano del cine? Eso es lo que pensó la dirección de DORMIRDCINE cuando, en 2008, lanzaron un reto en forma de concurso abierto a artistas, diseñadores, graffiteros e ilustradores. La filosofía estaba clara: convertir las 85 habitaciones y los distintos espacios comunes de la residencia en lienzos en blanco, espacios vírgenes donde artistas urbanos pudieran plasmar obras plásticas inéditas con una única condición: el universo cinematográfico (películas, directores, actores, personajes...) como hilo conductor. El resultado son cerca de un centenar de creaciones inéditas expuestas de forma permanente en las grandes protagonistas de DORMIRDCINE, sus *cooltural rooms*. Las hay para todos los gustos cinematográficos y necesidades. Así, la residencia cuenta con varias habitaciones con cama individual -como las dedicadas a La Pantera Rosa, Mary Poppins o Steve MacQueen- y habitaciones dobles con cama de matrimonio donde descansar junto a las ensoñaciones de Buñuel o de Almodóvar. No obstante, el grueso de las estancias lo componen 70 habitaciones dobles con cama Queen o con dos camas de 90 cm. Mención especial merecen las tres dobles X L Xtra Large (las dedicadas a María Antonieta, Moulin Rouge y Buena Vista Social Club) con cama Queen y con un espacio extra o camerino con *cheiselongue*. Pero no sólo de *cooltural rooms* vive DORMIRDCINE. Aquí cada rincón atesora una sorpresa: pájaros hitchcocknianos se recortan, como manchas de tinta negra, por las blanquísimas paredes de la escalera principal; a un paso del hall, la mirada felina de Lauran Bacall coquetea con un enamoradizo Frankenstein...

Tras haber dormido, por ejemplo, en la soberanía del verde de la habitación 512 dedicada a Hulk, el superhéroe del cómic, nada como hacer adentrarse en la luminosidad centelleante del restaurante o empezar el día con un delicioso desayuno bajo la atenta mirada del león de la Metro Goldwyn Mayer trasmutado en un graffitero lindo gatito.

ACTIVIDADES

Para exprimir al máximo la estancia y la experiencia en DORMIRDCINE lo mejor es dejarse seducir y aconsejar por los 3 paquetes culturales desarrollados por su dirección y pensados para que los huéspedes (desde mayores a niños) disfruten de la cultura de Madrid. Los paquetes están orientados a vertientes diferentes: Coolturalmuseos (promoción de acceso a los principales museos de la capital), Coolturalmusic (los huéspedes cuentan con toda la información sobre la actividad musical madrileña), Coolteatro (los clientes disfrutan de toda la programación teatral de la ciudad) y, finalmente, el interesante Coolturaltour: rutas cinematográficas por Madrid a través de películas rodadas en la ciudad, lo que a través de anécdotas y curiosidades de los rodajes permite conocer otro rostro de la capital.

HOTEL PUERTA AMÉRICA

La vuelta al mundo (del diseño) en 12 plantas

HOTEL SILKEN PUERTA AMÉRICA MADRID ⓯
Avda. de América, 41
28002 Madrid
+ 34 917 445 400
hotel.puertamerica@
hoteles-silken.com
www.hotelpuertamerica.com

HABITACIONES Y TARIFAS
Cuenta con 315 habitaciones:
282 Deluxe, 21 Junior Suites
y 12 Suites, las más grandes
y situadas en el piso 12.
Dada la diversidad de estilos
y diseños, el personal de
la recepción cuenta con un
catálogo correspondiente
a cada planta para que el
huésped elija el que más le
atrae. Sugerencia: si existen
preferencias para alojarse en
una planta concreta conviene
reservar previamente vía
internet o por teléfono. Desde
130 € la habitación Deluxe.

CÓMO LLEGAR
Algo alejado del centro de
la urbe, a medio camino
(10 km) del aeropuerto de
Madrid-Barajas, el transporte
público es la mejor opción:
a apenas 100 metros hay
una parada de autobús y la
estación de metro Cartagena.

Que los versos del poema *Libertad*, del francés Paul Éluard, abracen la fachada del Hotel Silken Puerta América Madrid con grandes letras impresas sobre los toldos multicolores que la cubren no es una licencia gratuita del arquitecto Jean Nouvel, autor de su diseño; escritos en distintos idiomas, esos ripios son una declaración de intenciones de lo que pretende encarnar este hotel: convertirse en un caleidoscopio de visiones del mundo (o mundos posibles) a través del lenguaje del diseño, la arquitectura y el arte, un punto de encuentro donde la libertad creadora sea la anfitriona. Ése fue el reto que asumieron 19 de los más reputados estudios de arquitectura y de diseño del mundo, nombres propios como Norman Foster, Javier Mariscal o Zaha Hadid cuyas propuestas ponen al huésped en la tesitura de decidir en cuál de sus 12 plantas vivirá la experiencia de su estancia. Por eso a nadie extraña que muchos huéspedes a los que les apasiona este hotel siempre que recalan en Madrid por placer o trabajo, decidan alojarse en una planta distinta cada vez, como si de una *Grande Boucle* se tratara. ¿Será en la 5, en cuyo lobby dos esfinges de mármol blanco dirigen al visitante con sus miradas hacia la serenidad de las estancias propuestas por los modistos andaluces Victorio & Lucchino? ¿pasará la noche entre las formas sinuosas y bulbosas de las habitaciones proyectadas por el arquitecto israelí Ron Arad, las que se adivinan ya en el lobby de la planta 7 donde aparece un sofá de fibra de vidrio reflectante, espuma y alcántara en gris antracita? ¿o se

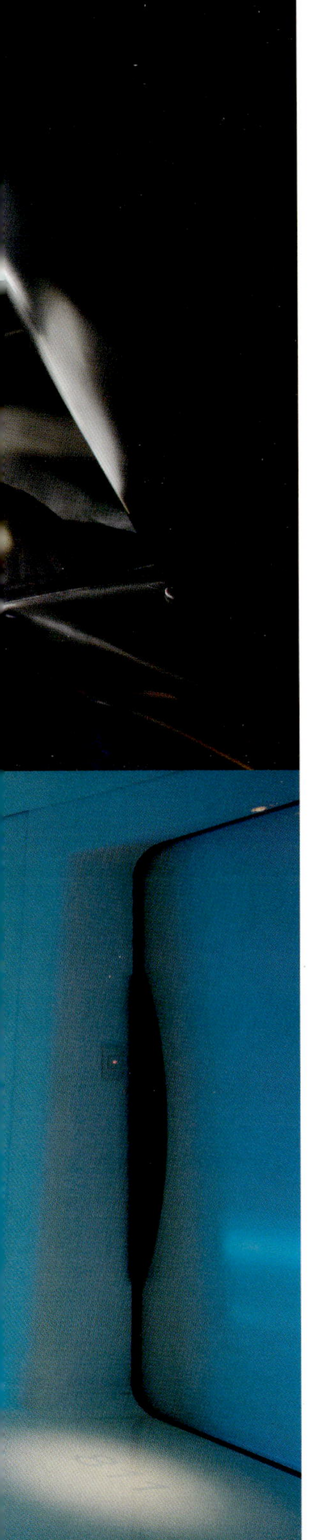

decantará por aceptar el juego propuesto por Richard Gluckman en la planta 9 con sus "cajas de colores" en forma de habitaciones? Porque en el interior de estas últimas, donde el arquitecto norteamericano juguetea con una decoración industrial y combina materiales como el metacrilato con el fibrocemento, todo dormita en cajas: la televisión enmudece dentro de una gran caja, mientras que en otras más pequeñas encuentran su espacio el teléfono, los vasos… Buen momento este para un aviso: es cierto, el diseño de algunas de las habitaciones del hotel es atrevido, un alarde de virtuosismo que zarandea los sentidos pero que, sobre todo en el caso de clientes acostumbrados a propuestas más clásicas, suele tener como primera víctima el confort. Pero el diseño y la vanguardia no sólo se plasman en las habitaciones. Así lo certifican el restaurante "Lágrimas Negras", obra de Christian Liaigre, y el MarmoBar, proyectado por Marc Newson. Mención especial merece la planta 13, el ático del hotel diseñado por Jean Nouvel. El Bar SkyNight es la mejor atalaya para, desde las alturas, contemplar el paisaje urbano de Madrid, tomar una copa o disfrutar de la música. O, sencillamente, para susurrar los últimos versos del poema sobre el que se construye este hotel: "Nací para conocerte / Para nombrarte / Libertad".

COMENTARIOS DE LOS CLIENTES
"La amabilidad del personal y la limpieza es excelente, pero el confort de la habitación me resultó algo incómodo"
"El espacio de Zaha Hadid es extraordinario. Un muy buen hotel con un precio acorde a la calidad".

vodafone
Schweppes
Capitol

HABITACIONES SKYLIGHT EN EL VINCCI CAPITOL

Habitaciones burbujeantes en la Gran Vía

Vincci Capitol ⑯
Gran Vía, 41
28013 Madrid
+ 34 915 218 391
capitol@vinccihoteles.com
www.vinccihoteles.com

Habitaciones y Tarifas
Las dos habitaciones temáticas *skylight* tienen un precio por noche a partir de 175 €.

Cómo Llegar
Al encontrarse en el centro de Madrid, se puede llegar fácilmente al hotel a través de varias líneas de metro. Las paradas más cercanas del suburbano son Gran Vía, Sevilla y Banco de España. Renfe tiene parada en Sol, a unos minutos a pie, y la estación de Atocha y el AVE se encuentran a pocos minutos.

La historia del cine español está trufada de escenas míticas grabadas a fuego en el imaginario colectivo. Una de esas imágenes imborrables es, quizás, la secuencia más famosa de la película *El día de la bestia* –dirigida en 1995 por Álex de la Iglesia-, protagonizada por el camaleónico actor Santiago Segura. En ella, Segura se colgaba del gigantesco neón de la marca *Schweppes* que corona, desde 1969, uno de los iconos de la Gran Vía madrileña, la mole de mármol y granito del edificio Capitol, hoy emplazamiento del hotel Vincci Capitol. Lo que poca gente sabes es que, justo tras la luminiscencia del mítico rótulo, imagen celebérrima de las postales del *Broadway madrileño* de principios del siglo XX, hay dos habitaciones de hotel únicas. Se trata de la 1002 y la 1102, bautizadas como habitaciones *skylight* en honor del neón.

Situadas en las plantas 10 y 11, justo detrás del famoso luminoso –tras sus destellos descubrirá una de las panorámicas más hermosas de la Gran Vía madrileña-, son *rara avis* entre las 140 estancias de este cuatro estrellas. "La idea de crear estas habitaciones surgió porque el neón es objeto de culto para muchas personas por sus múltiples apariciones en el cine y en la publicidad, así como por lo que representa", explica la directora del mismo, Maite Menchaca.

Se puede afirmar que estas dos habitaciones están bendecidas por los dioses, entre otras cosas porque, durante mucho tiempo, no fueron más que un almacén del edificio, con ventanas cegadas por una tapia. La inauguración del Vincci Capitol en 2007 tras 18 meses de profunda reforma puso en valor este lugar tan especial y, de paso, toda la belleza de uno de los edificios *art déco* más simbólicos de la capital. "Es por ello que nos pusimos manos a la obra, para dar respuesta de una forma original a la pregunta que se hacen muchos transeúntes de la Gran Vía: '¿Qué hay tras el famoso luminoso?' Pues una habitación sorprendente", apostilla Menchaca. Fue la situación de las habitaciones

tras el neón lo que obligó a dotarlas de una decoración con guiños de humor, arriesgada y divertida. En ambas habitaciones la cama tiene forma redonda, emulando la forma de la chapa del refresco, lo que no destierra el confort gracias a sus dimensiones (2x2 metros). Además, estas habitaciones son las únicas de todo el hotel que cuentan con moqueta, eso sí, una muy especial: decorada con pequeñas y burbujas que hacen referencia al refresco del luminoso. También disponen de conexión a internet ADSL, luces de lutrón y carta de almohadas. Su mobiliario es también particular, de marcadas formas sinuosas y redondeadas, todo ello con una propensión a los tonos amarillos chillón. Sin olvidar el relajante y burbujeante *jacuzzi* con el que cuenta una de ellas. Claro está, alojarse en estas dos habitaciones temáticas —su nivel de ocupación es siempre del 90%, por lo que hay que reservarlas con bastante antelación- es la oportunidad perfecta para disfrutar de la sofisticación, elegancia y confort del Capitol. Su fusión de clasicismo y vanguardia se percibe, por ejemplo, en sus dos ascensores panorámicos o en sus dos espectaculares terrazas (en la 6ª planta el Solárium; en la 9ª el Mirador). Por no hablar de una de las joyas de la corona: el Nammu Corner Areas Spa, que puede reservarse por un tiempo de forma privada y exclusiva.

Por supuesto, tampoco hay que olvidarse de descubrir la estrecha vinculación con el cine del Capitol y del *Broadway madrileño*. De hecho, es el único hotel que alberga en su planta baja un cine de tanta solera como el Capitol, lo que justifica que todo el establecimiento esté inundado de e pequeños homenajes al Séptimo Arte. Como los números de las habitaciones y el resto de carteles indicadores, todos realizados con la tipografía Broadway, la utilizada en Hollywood en las claquetas; o el proyector de los años 30 expuesto como una reliquia en el *hall* de la primera planta. Por eso, no se extrañe si todos los días, a partir de las 15.30 h, un sutil y delicioso aroma a palomitas le despierta un repentino antojo por comprar una entrada. Es la magia del cine conquistando el Capitol.

DORMIR BAJO LAS ESTRELLAS

… de la dehesa extremeña

"Dormir Bajo Las Estrellas" ⑰
Plaza Mayor, 8
10163 Aldea del
Cano (Cáceres)
+ 34 666 431 420
info@crviadelaplata.com
www.crviadelaplata.com

Habitaciones y Tarifas
El paquete "Dormir bajo las estrellas" consiste en pasar tres días y dos noches en la dehesa extremeña por un precio de 129 € por persona. La oferta incluye alojamiento en la casa rural, una noche al aire libre, pensión completa y actividades diurnas y nocturnas. En primavera y verano. Grupos de 8-10 personas.

Cómo Llegar
La localidad de Aldea del Cano se encuentra a medio camino entre Mérida y Cáceres por la A-66. Para participar en la propuesta "Dormir bajo las estrellas" se debe acudir primero a la casa rural Vía de la Plata, situada en el centro del pueblo.

Dormir en una confortable cama en medio de un mar de encinas y bajo un cielo tachonado de estrellas es una invitación que cualquier mente curiosa y apasionada de alojamientos singulares no rechazaría nunca. ¿Una propuesta onírica, irrealizable? Desde el 2010 no. Desde entonces esta es la original propuesta diseñada por Teresa Gutiérrez, la impulsora de esta iniciativa y propietaria de la casa rural Vía de la Plata, un caserón con el sabor de las antiguas moradas de labranza de Aldea del Cano, en la comarca Sierra de Montánchez y Tamuja, de la que depende. El *leit motiv* de "Dormir bajo las estrellas" es tan sencillo, tan despojado de artificios como sugerente: se trata de pasar la noche en el *hotel* con más metros cuadrados del mundo: la Dehesa de Extremadura. Argumentos no le faltan a una propuesta de alojamiento singular que nació, precisamente, con la intención de brindar a los huéspedes la oportunidad de exprimir la esencia de una de las joyas ecológicas de España, fruto de la naturaleza y el trabajo del hombre. "Decidí llevar adelante esta propuesta para poner en valor la dehesa, el bosque mediterráneo que es el gran tesoro de Extremadura. Al fin y al cabo, somos lo que somos gracias a ella", razona Teresa, quien recuerda cómo le llegó la inspiración, igual que un fogonazo. "Llevábamos diez años con la casa rural y un día nos dijimos 'vamos a sacar las camas al campo', ¡que se disfrute de otra manera!". Dicho y hecho.

"Dormir bajo las estrellas" permite disfrutar durante tres días y dos noches de las bondades de la dehesa en todas sus vertientes. "Para llevar a cabo la actividad, debemos contar con grupos de 8-10 personas ya que la logística para habilitar la habitación en el campo es muy importante y no se puede realizar la actividad sólo con una pareja o dos, aunque la idea sea muy romántica", justifica Teresa. Siempre se utiliza la casa rural como base en caso de que la climatología no sea favorable para dormir a pierna suelta entre este bosque milenario. La primera noche se recibe a los huéspedes en el alojamiento rural, donde se alojan en una de las

confortables habitaciones dobles. Es a la mañana siguiente cuando se inicia el verdadero contacto con el universo de la dehesa, como una visita a una explotación agro-ganadera de la zona, degustaciones en los secaderos de jamón -donde se descubre el proceso de curación del ibérico-, recorrer los senderos naturales… Durante la segunda noche, se cena y se duerme en medio de la dehesa, en el paraíso ecológico que se ha recorrido y conocido de primera mano a la luz del día. El epicentro de esta *habitación* sin paredes, pensada para dos noches, singulares es una cómoda y amplia cama acondicionada con mosquiteras, en la que uno disfruta de todo el confort para que nada perturbe el sueño. Una mesita y unas sillas configuran el resto de la singular estancia. De la ambientación sonora y el retablo de perfumes nocturnos -a base de aromas de encinas, alcornocales y tierra húmeda- se encarga la dehesa. Los sonidos de la noche son impresionantes, lo envuelven todo.

Lo mejor de todo es que "Dormir bajo las estrellas" no se limita a eso, a un plácido y pasivo descanso bajo el cielo. Por las noches hay otras formas de descubrir la dehesa, como por ejemplo, recorridos nocturnos por el campo en el que un experto interpreta los sonidos de la fauna local o narraciones de leyendas autóctonas entre las sombras de las encinas. Hay más. De hecho, una de las actividades que más se disfruta es las explicaciones que un especialista en astronomía da sobre el cielo estrellado, situando las diferentes constelaciones y conociendo el nombre de algunas de las estrellas con las que el huésped compartirá la noche. Al levantar el día, un copioso desayuno espera en la larga mesa que hace las veces de comedor, preparada bajo las encinas. Este tentempié matutino, como el resto de los ágapes que se sirven durante toda la estancia, es suculento y con todos los alicientes de la cocina tradicional extremeña, lo que significa que en las comidas camperas nunca faltan los productos ibéricos locales. Un colofón original y delicioso para un alojamiento único.

HOTEL DE LA RISA

¡Pasen y rían!

HOTEL DE LA RISA ⓲
El Quinto Pino
Pinar Natural de
Talayuela S/N
Apartado de Correos 24,
10310 Talayuela (Cáceres)
+ 34 927 578 502
hola@hoteldelarisa.com
www.hoteldelarisa.com

HABITACIONES Y TARIFAS

El Hotel de la Risa cuenta con seis dormitorios independientes en forma de chozos redondos, cada uno de los cuales dispone de 5 literas dotadas de armarios, mesitas de noche, calefacción, puntos de luz y ropa de cama. A un paso, un edificio central acoge un salón multiusos con una cocina y un gran porche-comedor con chimenea. En un edificio aledaño están los servicios y las duchas. El precio de la experiencia para un grupo de mínimo 40 personas es de 4.320 € (con IVA y desayuno), tarifa que incluye las actividades a realizar. Dependiendo de la estancia del grupo -de un día ó más- y de las características del mismo, el equipo de El Quinto Pino hace una propuesta previa de actividades a la carta, de las diferentes "experiencias vitales" que ofertan y de la manutención.

CÓMO LLEGAR

El Quinto Pino se encuentra en el término municipal de Talayuela (Cáceres), en el pinar que parte de esta localidad siguiendo el curso del río Tiétar hasta llegar al Parque Natural de Monfragüe. El albergue se encuentra a unos 300 metros del Parque Municipal Natural de Talayuela, por donde tiene el acceso principal.

Si es de los que creen que el humor y la risa son dos de las cosas que hay que tomarse más en serio en la vida, este es, sin duda, su hotel. Y es que el Hotel de la Risa, alumbrado en 2009 por la compañía de teatro callejero y nuevo circo Asaco Producciones, se ha convertido en una experiencia única para todos los huéspedes que han distendido sus músculos faciales aquí gracias al poder tonificante de las carcajadas. Eso sí, a pesar de su nombre, no espere encontrar nada que se acerque a los hoteles que pueda haber conocido hasta ahora. Se trata de una aldea rodeada de pinos que pivota alrededor de una enorme carpa de circo de 500 m2 -donde se desarrollan todas las actividades del "Aula de Circo"- y una explanada de recreo de 10.000 m2, lo más parecido a un gigantesco patio de recreo donde, como niños, desterrar el estrés, la ansiedad y las tensiones al compás de los disparates de una nariz roja. Dicho de otro modo, lo importante aquí no es tanto el *dónde* se duerme como lo que ofrece este enclave entre pinos. Porque, para empezar, pese a que los grupos de todas las edades que participan en sus actividades y juegos pueden alojarse en las estancias -seis dormitorios independientes en formas de chozos redondos- enclavadas en el pinar de Talayuela y disfrutar de los servicios básicos no tiene nada que ver con un hotel al uso. "El Hotel de la Risa es un espectáculo vivencial en plena naturaleza destinado a todo tipo de colectivos, desde grupos de turistas, empresas, personas con discapacidad

y cualquier otro grupo que disfrute de acercarse a las artes del circo y vea en la risa una posibilidad de ocio distinta", explica Raquel Matías, coordinadora de esta singular propuesta. Y es que, idóneo para grupos de amigos, familias con niños, aquí el absurdo y el juego son el vehículo para un destino: lograr arrancar una risa al huésped de este particular y surrealista hotel durante su estancia. Aquí vale todo. Para empezar, *deconstruir* desde un alocado punto de vista todo lo ortodoxo de un alojamiento clásico. Para ello, los típicos servicios y protagonistas arquetípicos de un alojamiento están tamizados por la lente de la caricatura del cómic y de los payasos: el parking es el *aparcamientras*; el lobby el *vestiburlo*, sin olvidar al director Tropecio Sutil, al relaciones públicas Presunto Fresco, el *Restaurante di chef chof*, el *s-pa'star-agustín*... Un carrusel de excéntricos habitantes que, al fin y al cabo, consigue el objetivo con el que nació este hotel cómico: hacer "vivir la risa" a sus huéspedes.

LA CASA DEL MIEDO

Una noche terrorífica

LA CASA DEL MIEDO ⑲
La Quinta de Melque
Camino Viejo de
Menasalbas, s/n
45165 San Martín de
Montalbán (Toledo)
+ 34 912 408 283
info@viajesconimaginacion.
com
www.viajesconimaginacion.
com

HABITACIONES Y TARIFAS
Pasar una noche en La Casa
del Miedo -incluye cena,
espectáculo, alojamiento
y el desayuno- cuesta 175
€ por persona. Hay ofertas
especiales para grupos y para
las noches de los viernes.
El hotel abre todos los fines
de semana, excepto en la
segunda quincena de agosto,
Nochebuena y la víspera de
Reyes. Espectáculo especial en
Halloween y en Nochevieja.
No está permitida la entrada
a menores de 14 años.

CÓMO LLEGAR
El hotel está ubicado en
la casa rural La Quinta de
Melque, a las afueras de
San Martín de Montalbán
(Toledo). Desde Madrid,
conducir unos 70 km por la
N-401 hasta Toledo y desde
allí recorrer 40 km hasta
San Martín de Montalbán.

Un inquietante sendero oscuro, un cementerio abandonado, una verja chirriante y un pálido sirviente con un candil que da la bienvenida a los incautos huéspedes. Ese es el espectral escenario en el que se adentran aquellos aguerridos huéspedes que deciden pasar la noche en la fantasmagórica mansión de doña Julia Almazán, la misteriosa viuda de Sotogrande, cuyo principal objetivo es que sus invitados se sientan "parte de su mundo".

No apto para cardiópatas y personal asustadizo, recalar en este singular (y divertido, por qué no decirlo) hotel es la

crónica de un susto anunciado, el peor de los lugares si lo que se busca es un fin de semana de paz y tranquilidad. Porque en esta finca de 35.000 m^2 cerca de Toledo el repertorio lo configuran psicofonías y *poltergeist* de todo tipo, pianos que tocan solos, armarios que se abren inesperadamente… experiencias límite que ponen a prueba los nervios de quienes se atreven a alojarse en ella. Por eso se recomienda hospedarse en él descansado, ya que plácidos sueños es lo último en lo que piensan los "inquilinos" de la casa de doña Julia.

Realmente no hay por qué asustarse. Los sucesos paranormales que suceden en esta casa tienen su explicación en la imaginación de Luz, la propietaria e impulsora de este original hotel donde la gente va expresamente a pasar miedo. "Tanto la idea de montar un alojamiento de estas características como el guión del espectáculo son de mi cosecha.

Mi intención es que la gente viva una noche distinta, inolvidable, que se sienta protagonista de una película de terror en un alojamiento especial", explica, al tiempo que desvela algunos de los secretos de esta tétrica experiencia: "Hay una parte del guión que necesariamente se repite cada noche para crear una trama estable, pero hay otra que se improvisa, ya que los huéspedes, que se lo pasan en grande a la vez que experimentan terror, deben interactuar con los personajes", relata Luz.

Nerviosismo, gritos, risas y la incertidumbre de lo desconocido conforman un cóctel de emociones que garantiza el éxito de este original alojamiento. Un elenco de media docena de actores -entre los que figura el hijo, el marido y la propia Luz- son los encargados de dar vida a los habitantes de La Quinta de Melque.

El repertorio da para todos los ineludibles de una historia de terror clásica: doña Julia, la macabra anfitriona; don Gregorio, su malogrado esposo; Amador, un inquietante sirviente; Rodrigo, un inquietante niño; Sebastián, el mayordomo y Leonor, una extraña vidente. Unos laboriosos efectos especiales y un sombrío mobiliario originario de antiguas mansiones de la zona se encargan de recrear la atmósfera necesaria para desarrollar la velada.

Que se inicia con la oscuridad de la noche. Los huéspedes llegan a La Quinta de Melque rural sobre las 22 h de la noche del viernes o las 21.30 h del sábado y pasan 16 horas de miedo ininterrumpido hasta que "se les deja marchar" sobre la 13 h del mediodía del día siguiente, tras tomar un plácido desayuno en el que se descubre el desenlace de la trama. Con una capacidad para 25 personas, el perfil de los huéspedes suelen ser grupos de amigos o parejas. Con diez enormes habitaciones dobles con opción a convertirse en triples y dos habitaciones triples -todas con baño incorporado-, su turbadora decoración *especial* nunca deja indiferente.

El hotel, en funcionamiento desde 2004, ha dado sustos ya a 12.000 huéspedes, muchos de los cuales ya espera el estreno de la segunda temporada del espectáculo.

COMENTARIOS DE LOS CLIENTES

"No lo dudéis ni un momento, id a pasar una noche de miedo".
"Quiero daros las gracias por hacernos pasar una noche inolvidable. Lo que más me está costando es no desvelar las aventuras que vivimos con vosotros".

HOTEL PLAZA DE TOROS DE ALMADÉN

Una noche en el coso

HOTEL PLAZA DE TOROS DE ALMADÉN [20]
Plaza Waldo Ferrer, S/N
13400 Almadén (Ciudad Real)
+ 34 926 264 333
almaden@estancias.com
www.hotelplazadetoros.com

HABITACIONES Y TARIFAS
Las tarifas varían según temporada (el precio, por habitación y noche, incluye el desayuno), pero oscilan entre los 57,78 € de la doble en temporada baja hasta los 161,57 € de la suite en temporada alta.

CÓMO LLEGAR
Desde Madrid se llega siguiendo la N-420. Después se debe enlazar con la CM-415 que pasa por Saceruela. Otra posibilidad es, desde Ciudad Real, tomar la C-424 dirección Almadenejos. Desde Córdoba se llega por la N-502 pasando por Santa Eufemia.

En agosto de 1752, uno de los acuciantes problemas en la localidad manchega de Almadén era la alta mortalidad de los condenados a trabajar en sus minas de mercurio. La ciudad carecía de un hospital donde los enfermos pudieran recuperarse para volver al trabajo y, además, las epidemias se propagaban de forma fulgurante entre la población local. Por todo ello, el Superintendente de las Minas, Don Francisco Javier de Villegas, mandó construir un edificio con 24 viviendas independientes para albergar a varias familias. La insólita empresa tenía como objetivo evitar el hacinamiento de los vecinos en las casas de la localidad y sufragar con el dinero de las rentas un Hospital de Mineros. Y, de paso, las 24 viviendas conformarían una plaza de toros hexagonal que serviría para la celebración de festejos taurinos.

Esta es la particular historia del Hotel Plaza de Toros de Almadén, el único del mundo ubicado en una plaza de toros hexagonal. Con 23 habitaciones distribuidas en torno a un coso taurino en el que todavía hoy se celebran corridas de toros, el legado de aquella época son sus blanquecinas arcadas, su cubierta de teja y la madera y la piedra de algunos elementos que pertenecen a la construcción original. Todas las habitaciones, excepto la suite, están orientadas hacia el exterior de la plaza. Eso significa que se puede contemplar la plaza de toros únicamente desde la ventana de la suite del hotel, aunque durante la celebración de corridas de toros no es posible observar el espectáculo desde este privilegiado emplazamiento porque se colocan gradas supletorias alrededor de la galería exterior. Acondicionadas con televisión, climatización, minibar, internet y baño completo, el toque rústico emana de sus paredes encaladas y las puertas de recia madera adornada con clavos de hierro. La mejor fórmula para apreciar la singularidad de alojarse en esta antiguo coso es, nada más dejar las maletas, deambular por la galería exterior y así recorrer todo el recinto. Después,

no hay que pensárselo dos veces, aprovechando que no hay toros bravos a la vista, bajar al ruedo para pisar, quizás por primera y única vez, la arena de un autentico coso taurino.

La Plaza de Toros de Almadén albergó viviendas hasta hace muy pocos años. De hecho, los últimos vecinos las abandonaron en la década de los años 90. No obstante, tras un concienzudo lavado de cara, el hotel se inauguró en el 2003. Y claro, como la cabra tira al monte, la primera corrida tras la remodelación no tardó mucho en llegar, apenas un año después. Dos de los enclaves ineludibles del hotel son su museo taurino y el restaurante, el mejor lugar donde hacer un cambio de tercio para saborear una de las *delicatessen* locales: tortitas de rabo de toro con salsa de tomate. Aviso para navegantes: si quiere hacer coincidir su estancia en el hotel con el espectáculo de una corrida de toros debe saber que esa conjunción planetaria sólo se produce en Semana Santa y en el mes de Agosto, durante las fiestas locales. Claro está, la demanda por esas fechas es tal que reservar con mucha antelación es lo único que puede evitar una indeseada cornada. Merece la pena la previsión. El ajetreo de banderilleros, picadores, matadores y todo el vistoso séquito que acompaña a las cuadrillas taurinas trunca por unas horas la paz que suele reinar el resto del año en las entrañas del coso. De lo que no hay duda es de que ese trasiego contribuye a que el huésped se sienta, al menos durante un día, un poco torero.

ACTIVIDADES

El mercurio ha hecho popular al pueblo manchego de Almadén. Su Parque Minero acoge un centro de información que ayuda a comprender cómo vivían antaño los forzados a trabajar en las minas. En los túneles de las minas se muestran los Hornos de Aludeles -los únicos conservados desde el siglo XVIII-, un Museo del Mercurio o la Mina Interior, un recorrido de las galerías donde se expone el trabajo que han realizado los mineros durante siglos. Desde Almadén se inicia una recomendable excursión hacia Puerto Palacio, asentado en la sierra de Cordoneros. Este estratégico lugar es un balcón privilegiado para disfrutar de la Dehesa de Castilseras y gozar de los aromas a jara y brezo del monte.

DANZAS ESPAÑOLAS
JOTA DE PAMPLONA
PABLO SARASATE

HOTEL AMADEUS

¡Música, maestro!

HOTEL AMADEUS ㉑
Farnesio, 6 y San José, 10
41003 Sevilla
+ 34 954 501 443
info@hotelamadeussevilla
.com
www.hotelamadeussevilla
.com

HABITACIONES Y TARIFAS
Los precios de las
habitaciones (no incluyen el
desayuno - 8,50€ - ni el IVA)
se mantienen todo el año,
excepto en Semana Santa y
durante la Feria de Abril, que
se incrementan. Hay ofertas
especiales con descuentos
del 20% en julio y agosto.
Las tarifas se reparten en 85
€ la habitación individual,
95 € la doble estándar, 110
€ la doble superior, 120 € el
Ático y 150 € la Junior Suite.

CÓMO LLEGAR
El hotel está enclavado en
dos pequeñas calles del
laberíntico barrio sevillano
de Santa Cruz. Como punto
de referencia se puede tomar
la Catedral de Sevilla, por la
parte del Palacio Arzobispal.
Desde ahí se toma la calle
Santa Cruz y sin abandonarla
se continúa por Mateos
Gago. Al final de esta calle
gire a la derecha tomando
la calle Fabiola y, una vez
en ésta, la primera a la
izquierda es ya Farnesio.

Bienvenidos al hogar de Euterpe, la musa de la música. Esta podría ser una buena carta de presentación para este hotel situado en el sevillanísimo barrio de Santa Cruz, un sueño para los melómanos hecho realidad gracias a la pasión por la música y por mostrar a los huéspedes "otra forma de acercarse a Sevilla" de Mª Luisa Guerrero, su propietaria. Para descubrir sin demora este *divertimento* sólo hay que adentrase en la frescura de su vestíbulo -con un piano de cola y un arpa como epicentro de un patio interior revestido de azulejos sevillanos-, un adelanto de lo que va a vivir, que no es otra cosa que una estancia dominada por la omnipresencia de la música. Es probable que ya en esos primeros pasos hasta sus oídos llegue la voz de una soprano, un pedazo de *Le violette* de Scarlatti o los acordes de una guitarra española. Normal. Está a punto de alojarse en un hotel convertido en pentagrama o viceversa. Porque aquí la música no es sólo un acompañamiento estético; más bien, como podrá comprobar —sobre todo si domina el arte de algún instrumento- Amadeus es lo más parecido a un conservatorio. En ello contribuyen de forma decisiva los violines, saxofones, guitarras, violas, acordeones y flautas que, desparramados por la casa, pueden solicitarse en préstamo para su uso. En este sentido no hay que olvidar que todas las estancias están insonorizadas y que el hotel ofrece a los huéspedes una coqueta sala de ensayo insonorizada -con piano incluido- para entregarse durante un buen rato a la práctica musical sin molestar ni ser molestados.

Lo cierto es que el alma musical de este singular hotel estaba escrita desde el momento en el que su porte señorial con patio del siglo XVIII se convirtió en la casa familiar de Mª Luisa y de sus hijas y, de paso, en su lugar de ensayos musicales. Y claro, Euterpe que pasó por Sevilla en ese momento no se lo pensó y la convirtió en su digna morada. Debe ser por ello, para agradar a la musa, que sus 14 habitaciones —todas distintas- están dedicadas a compositores de la talla de Chopin, Mahler, Albéniz o

al genio creativo de Wolfgang Amadeus Mozart. Como confiesa Mª Luisa, no pocas voces de prestigio mundial, protagonistas de la temporada de ópera del Teatro de la Maestranza de Sevilla, han dormido en sus habitaciones o calentado sus cuerdas vocales junto al piano de cola de la entrada. No faltan tampoco en las habitaciones aparatos de música y álbumes de música clásica, así como elementos decorativos repartidos por todo el edifico -la banqueta para dejar la maleta es un banco de piano, las pantallas de las lámparas están trufadas de notas musicales, los llaveros de las habitaciones tienen forma de instrumentos musicales...- que recuerdan el protagonismo absoluto de la música. Cabe destacar otros tesoros del Amadeus más allá de los estrechamente vinculados a la música pero que no pueden quedarse en el tintero.

Pequeños detalles que hacen la vida más fácil —el hotel dispone de acceso a internet gratis, pequeños ordenadores portátiles, una máquina dispensadora de café y chocolate, etc.-, todo para que el huésped y la mismísima Euterpe se sientan como en casa. Aunque ninguna joya más sugerente como la azotea-mirador del hotel. Sus vistas a las casas y tejados de Santa Cruz y a la Giralda, así como sus terrazas privadas en el edificio de la calle San José, convierten esas alturas en una atalaya impagable. Desayunar con ese horizonte urbano provisto de su propia banda sonora —no es improbable que entre los tejados se escape algún retazo del aria *Nel profundo cieco mondo* de Vivaldi- o tomarse una copa a la luz de los candiles cuando cae la noche es uno de esos placeres sublimes que regala el Amadeus.

ACTIVIDADES

Pasear por las callejuelas y plazas del barrio de Santa Cruz, uno de los más singulares y bellos de la ciudad. Los melómanos no pueden dejar de acudir a alguno de los conciertos de la Real Orquesta Sinfónica de Sevilla en el Teatro de la Maestranza (Paseo de Cristóbal Colón, 22). O, sin moverse del propio hotel, de algunas de las actuaciones en directo (vale la pena consultar su web para conocer el repertorio y las fechas) que se celebran puntualmente entre sus paredes.

EME FUSION HOTEL

Acariciando la Giralda

EME Catedral Hotel 22
Alemanes, 27, 41004 Sevilla
+34 954 560 000
info@emecatedralhotel.com
www.emecatedralhotel.com

HABITACIONES Y TARIFAS
De noviembre a enero, de
150€ a 380€. En temporada
alta, de febrero a octubre,
de 200€ a 500€.

Si no es para romper tópicos, sí para replantear esquemas. Ese fue el punto de partida con el que el EME Catedral Hotel, uno de los hoteles vanguardistas con más resplandor de España, se plantó en el epicentro sacrosanto de Sevilla, a un paso de la Catedral hispalense. Cruzar la puerta de su vestíbulo es, y sin exagerar, como entrar en una dimensión diferente. En su decoración minimalista y transgresora no falta la mezcla de materiales tradicionales y paredes revocadas con mortero a la cal, como los cortijos. Son muchos los incentivos de alojarse en una de sus 60 habitaciones, algunos tan notables como disfrutar de las propuestas que el chef Martín Berasategui propone en Santo Restaurante. Otra coordenada magnífica que no hay que perderse, sobre todo en verano: La Terraza, en la cuarta planta, con la panorámica 360° más impresionante de Sevilla. Aunque para lujos el que regala cada mañana la habitación Grand Deluxe con vistas: inaugurar un nuevo día con la Giralda a un palmo de la mano.

EL AÑADÍO

Dormir entre toros bravos

EL AÑADÍO ㉓
Dehesa El Añadío
23220 Vilches (Jaén)
+ 34 953 066 031
/ 610 833 220
info@elanadio.es
www.elanadio.es

HABITACIONES Y TARIFAS
La habitación doble tiene un
precio a partir de 100 € (+8%
de IVA) por noche. La doble
especial, desde 120 € (+8%
de IVA). Y la suite, desde 150
€ (+8% de IVA). Desayuno
incluido en el precio.

CÓMO LLEGAR
Se llega a la finca a través de
su camino rural, practicable
para todo tipo de vehículos,
al cual se accede desde el km
11,9 de la carretera A-301, de
La Carolina a Úbeda (salida
266 o 268 Autovía A-4
Madrid – Sevilla, o desde N
-322 Córdoba – Valencia).

Engastada en las laderas de Sierra Morena, al nordeste de la provincia de Jaén, la ganadería El Añadío, una finca de 400 hectáreas de monte y encinar en la que pastan más de 350 cabezas de ganado, ofrece un alojamiento único e irrepetible en España, en especial para todos los apasionados del universo taurino y de los toros bravos. Y es que esta finca, referencia en la crianza de morlacos desde 1850, brinda la oportunidad de alojarse en las viviendas de los antiguos mayorales (el personal que cuidaba de los toros), hoy transformadas en acogedoras habitaciones. Rehabilitadas para ofrecer el máximo confort, las 8 habitaciones de este hotel rural -7 dobles y una suite- son todas diferentes, acondicionadas con un baño particular, televisión e internet. "Fue una apuesta personal, sobre todo porque la finca ha sido de mi familia desde hace cinco generaciones y siempre se ha dedicado a la cría del toro bravo, la que sigue siendo la principal actividad", relata María Jesús, la heredera y ganadera de la finca. Fue ella quien decidió aprovechar las antiguas viviendas de los mayorales, "que construyeron con sus propias manos con materiales de la tierra", para dar la oportunidad a la gente de vivir dentro de una ganadería. "Se trata de construcciones sin grandes lujos pero con mucho sabor y solera, ubicadas dentro de la propia ganadería", explica.

Uno de los momentos más alucinantes de alojarse en El Añadío es, sin duda, el amanecer. Es fácil despertarse por la mañana con los bramidos de las reses que se cuelan por debajo de las puertas al encontrarse las estancias justo al lado de los corrales donde reposan los morlacos del encaste Santa Coloma, uno de los más bravos que se pueden ver en los tendidos de España. "Desde las ventanas, se pueden ver los toros comiendo, ya que desde aquí los mayorales vigilaban las reses", cuenta la propietaria. En este punto no está de más aportar una información vital para tranquilidad de más de un huésped dubitativo: no, no hay peligro por la

proximidad de los astados, entre otras cosas porque se han instalado todas las medidas de seguridad necesarias para que los bravos sólo vean a los huéspedes en la distancia.

Otro de los grandes alicientes de alojarse aquí es la posibilidad de disfrutar de las instalaciones ganaderas, del día a día de la finca y de la placentera rutina del campo, contemplando en libertad a las vacas nodrizas y los becerros, a los sementales y novillos, todo ello en un entorno natural espectacular. "Muchos de los clientes se convierten en mayorales y participan en las actividades diarias de los ganaderos", asegura María Jesús, quien explica que la mayoría de los huéspedes son aficionados a los toros y curiosos por todo lo relacionado con el universo del toro. Esa curiosidad es, precisamente, el acicate para participar en un sinfín de actividades relacionadas con la ganadería de lidia, como capeas de becerras y tientas, clases de tauromaquia, herraderos, doma clásica de caballos o visitas a los cercados en todoterreno.

Una oportunidad única de conocer desde dentro la actividad de este tipo de explotación ganadera que, como matiza su dueña de la finca, "no es un espectáculo *ad hoc* para turistas, sino la oportunidad de participar de nuestro día a día, un modo de entender y de aproximarse el mundo del toro".

ACTIVIDADES

La finca ofrece actividades taurinas, hípicas y relacionadas con la naturaleza, como observaciones ornitológicas, cacerías de temporada, excursiones por la dehesa con desayuno, comida o cena, pesca en el pantano o ciclismo rural. También se organizan visitas turísticas a la ciudad de Úbeda, Cazorla, Despeñaperros, el balneario de Canena, los baños árabes de Andújar o el castillo de Locubin. Algunas actividades requieren reserva previa.

ALTIPLANO TIPIS

Un lujo de campamento indio

ALTIPLANO TIPIS ㉔
Canadá SoSal
18800 Baza (Granada)
+ 34 664 835 417
louise@altiplanotipis.com;
info@altiplanotipis.com
www.altiplanotipis.com

HABITACIONES Y TARIFAS
La noche para dos personas
en el tipi doble cuesta
45 €. La cama extra para
niño tiene un incremento
de 10 €. Dormir en la
cueva tiene una tarifa
de 45 € por noche
(dos personas) y
la combinación de cueva
y tipi asciende a 55 €.
Abierto de abril a octubre.

CÓMO LLEGAR
El hotel se encuentra a pocos
metros de la salida de la
autovía A-92N, dirección
Baza Hospital. Está a una
hora en coche del aeropuerto
de Granada y a una hora y
media del de Almería. Hay
autobuses disponibles desde
Alicante y Málaga hasta Baza.

¿Descansar en un campamento indio al más puro estilo sioux pero en plena sierra granadina de Baza? ¡Por supuesto que sí! Eso es lo que ofrecen los tres coloridos tipis de Altiplano Tipis, un alojamiento rústico y divertido que no renuncia al confort. Inspiradas en el *far west* norteamericano, estas tiendas de tela han sido fabricadas a mano por los propietarios, Andrew y Louise, una simpática pareja de ingleses afincada en Granada desde hace años que escogió la localidad de Baza para instalarse "por su impresionante paisaje y por las cuevas primitivas que sólo se hallan en esta zona". Precisamente, una de esas cuevas también la tienen habilitada para alquilarla a los huéspedes que prefieran el romanticismo de un techo de piedra a uno de tela.

"Para mí, una de las mejores cosas que ofrecen los tipis es el poder tumbarse en la cama para contemplar las estrellas mientras se escucha el cantar de los búhos", explica Louise. Pese a estar en funcionamiento desde el 2008, aún hoy son muchos los vecinos que se acercan a Altiplano Tipis para contemplar las impresionantes tiendas indias que coronan la llanura.

La decoración del interior es simple pero coqueta. Cada uno de los tres tipis cuenta con una cama doble (o dos simples si se prefiere), cuyo edredón de plumas protege de sobra del fresco nocturno de la sierra granadina, y de una gran cesta de mimbre para colocar los efectos personales. Las jarapas inundan la estancia, dándole vida y color al interior.

Cada tipi dispone de su propio baño y ducha, eso sí, emplazados en una de las cuevas cercanas por cuestiones evidentes de espacio. El campamento no dispone de servicio de restaurante. Sin embargo, los propietarios están encantados de ofrecer barbacoas nocturnas al aire libre o cenas en su enorme cocina, que comparten con el resto de huéspedes. La vuelta a los orígenes y la conciencia por

el medioambiente de los propietarios es tal que, de noche, cada inquilino recibe una lámpara de aceite para iluminarse, el agua se calienta gracias a los paneles solares y el jabón de las duchas es biodegradable. "El agua es un recurso escaso, así que tenemos instalado un sistema de filtros que nos permite aprovecharla para regar nuestro fantástico jardín botánico", explica Andrew.

El ocaso es uno de los momentos del día en los que el contacto con la naturaleza granadina se convierte en un instante sublime que nadie que se haya alojado en Altiplano Tipis puede olvidar. Con el anochecer, el vacío y el silencio son absolutos: ni vecinos, ni casas, ni luces, ni ningún ruido que perturbe la quietud. "Esta paz es, lo que más complace a los huéspedes y lo que nos gustó a nosotros para instalar el hotel aquí", cuenta Louise. ¿Y qué decir de la llegada de la aurora? Pues que salir del tipi y disfrutar del perfume de tomillo, lavanda y romero que impregna el aire y la silueta de la montaña de Santa Bárbara recortada en el horizonte es el mejor modo de dar la bienvenida a un nuevo día.

ACTIVIDADES

A cinco minutos del campamento se encuentra la bella localidad de Baza, cuyo mercado de productos frescos atrae a multitud de aldeanos de los alrededores y turistas. En esta zona granadina hay pueblecitos pintorescos como Zújar, que cuenta con fuentes naturales de agua caliente u Orce, cuyos yacimientos arqueológicos son una maravilla reconocida en todo el mundo. Muy cerca, Purrellena es famosa por su cerámica. Para los amantes de la naturaleza, el río Baza, que discurre a pocos metros de Altiplano Tipis, baja caudaloso entre los meses de diciembre y junio, por lo que los propietarios recomiendan hacer una excursión hasta la ribera para disfrutar de un relajante baño. Y a sólo 15 minutos, el lago Negratín ofrece la posibilidad de practicar deportes acuáticos como kayac o piragua.

CUEVAS PEDRO ANTONIO DE ALARCÓN

Para cavernícolas del siglo XXI

CUEVAS PEDRO ANTONIO DE ALARCÓN ㉕
Bda. de San Torcuato , S/N
18500 Guadix(Granada)
+ 34 958 664 986
cavehotel@infonegocio.com
www.cuevaspedroantonio.es

HABITACIONES Y TARIFAS
El precio por noche (IVA incluido) de la cueva para 2 personas es de 66,63 € en temporada baja y de 79,75 € en temporada alta. Para 8 personas, la tarifa en temporada baja es de 157,47 € mientras que en temporada alta es de 171,10 €.

CÓMO LLEGAR
Desde Granada se llega por la autovía A-92 a la salida de Guadix-Benalúa de Guadix. La salida conecta con una carretera local a unos 2 km del municipio de Guadix. Tras un paso a nivel, a 250 metros se hallan las Cuevas de Pedro Antonio de Alarcón.

Guadix es un pueblo de la provincia de Granada donde casi la mitad de su población vive en cuevas excavadas en la roca, viviendas horadadas en la roca milenaria y cuyo origen geológico es la descomposición de un glaciar que ocupó en su día todo el valle.

Los habitantes de la zona llevan construyendo este tipo de cuevas como viviendas nada menos que desde el siglo XVI. ¿Cómo disfrutar de la singular sensación de dormir en las entrañas de una roca? Para experimentar esa regresión a la edad de las cavernas —eso sí, con todo el confort que nunca disfrutaron nuestros ancestros- lo mejor es poner rumbo a las afueras de Guadix, donde esperan las Cuevas de Pedro Antonio de Alarcón, un conjunto de casas cueva habilitadas como apartamentos y que en su día habían formado parte de una de las barriadas de Guadix. Son rojizos montículos de arcilla que conforman un paisaje lunar donde destacan las fachadas y las chimeneas encaladas que sobresalen. Al atardecer, desde el mirador de las cuevas, el contraste cromático entre la roca arcillosa, el fulgor de la cal y el azul del cielo convierten a las Cuevas de Pedro Antonio de Alarcón en una paleta de colores deslumbrante. Su historia empezó hace 20 años cuando la familia propietaria decidió comprar a los antiguos inquilinos de las cuevas para crear un complejo de 23 casas.

Las cuevas son apartamentos equipados con una cocina completa, un salón comedor con televisión, baño y una o varias habitaciones según el tamaño de la cueva. Hay cuevas individuales aptas únicamente para una persona y cuevas donde pueden convivir hasta ocho personas. Incluso se ofrece una cueva con *jacuzzi* para dos personas. Son muchas las sutilezas que descubrirá al pasar unos días alojado en estas oquedades rocosas.

Primero, una muestra de lo que antaño era una auténtica casa tradicional granadina, sobre todo si lee las historias de los elementos que configuran su decoración interior. Y

es que de las paredes penden platos antiguos, enseres de latón para la cocina, mantones de manila y, encima de las camas, colchas tejidas a mano. Eso no es todo. Otra de las experiencias será vivir en primera persona la acogedora calidez de estas cavernas. Porque si bien se tiende a pensar que el interior de la cueva es una concavidad oscura y claustrofóbica, aquí la luz fluye en su interior gracias a las ventanas situadas en la parte posterior de la vivienda y a una amplitud que aseguran sus techos de más de tres metros de altura. Por si fuera poco, ya se trate del crudo invierno granadino o del implacable estío, el interior de la roca arcillosa le asegurará disfrutar de una temperatura constante y plácida. Se tratará, en definitiva, de una oportunidad única y singular de revivir la cultura de los primeros pobladores de Guadix pero con todos los lujos de la era moderna.

Es el privilegio de ser un troglodita del siglo XXI.

ACTIVIDADES

Explorar el pueblo de Guadix ofrece la posibilidad de conocer el corazón de Granada: desde su herencia árabe focalizada en La Alcazaba, pasando por sus edificios religiosos como la Catedral y todos los palacios, plazas e iglesias del barrio del Sagrario hasta llegar al barrio de las casas cueva. Uno de los mejores lugares para obtener una vista excepcional de Guadix es el Mirador del Cerro de la Bala. Desde aquí se contempla todo el conjunto de promontorios bermejos con sus singulares chimeneas blancas de argamasa, todo un capricho paisajístico. Al encontrarse a sólo 59 kilómetros de Granada, Guadix es también un buen punto de inicio para descubrir la ciudad, con barrios tan conocidos como El Albaicín o el Sacromonte. Y, por supuesto, La Alhambra.

COMENTARIOS DE LOS CLIENTES:

"La sensación de dormir dentro de una cueva es imborrable".
"Increíble la decoración tan genuina de la cueva, el espacio natural, las vistas desde el mirador de las cuevas y este maravilloso pueblo".
"Vale la pena llegar aquí, quedarse en alguna de estas cuevas y comprobar la paz que se experimenta dentro".

HOTEL LOS CARACOLES

Dormir en caparazones gaudinianos

Hotel Los Caracoles ㉖
Km. 4,5 Carretera
Frigiliana-Torrox
29788 Frigiliana (Málaga)
+ 34 952 030 680
hotelloscaracoles@gmail.com
www.hotelloscaracoles.com

Habitaciones y Tarifas
Dormir en una casa caracol
(suite caracol) tiene un
precio de 115 € por noche
y habitación (incluye
desayuno) en temporada
baja. En temporada alta,
el precio es de 145 €
por noche y habitación
(incluye desayuno). Precio
en base a dos personas.
Se cobra suplemento en
caso de ser más de dos.

Cómo Llegar
Desde Málaga, tomar la
A-7 / E-15 Autovía del
Mediterráneo hasta Nerja.
Desde allí seguir durante 10
km por la MA-5105 hasta el
municipio de Frigiliana. El
hotel se encuentra a 4,5 km
a las afueras del pueblo.

Entre la montaña y el mar, enclavado en La Axarquía, en la Costa del Sol, se halla el Hotel Los Caracoles. No hace falta esforzarse demasiado para descubrir la razón de tan peculiar nombre: sus cinco *bungalows*, construidos bajo el influjo de la arquitectura de Antoni Gaudí, se asemejan a caracoles antediluvianos que, tras encaramarse a las alturas, descansaran al sol mientras disfrutan de las pasmosas vistas sobre Frigiliana y Nerja. Fantasía, ingenio, imaginación y buen gusto fueron tomados del genio modernista del arquitecto catalán para crear este original divertimento en forma de alojamiento. Las formas redondeadas de los caparazones, las líneas irregulares de los marcos de las ventanas ovaladas, las diminutas chimeneas a modo de antenas, la decoración interior de un peculiar estilo rústico-gaudiniano... todo contribuye a que la estancia en este hotel-caparazón sea, nunca mejor dicho, única en su especie.

En la distancia, cuando el sol malagueño aprieta de verdad, las caracolas encaladas de un blanco cegador centellean en lo alto como si una lluvia frugal las acabara de refrescar. Pese a que la peculiar arquitectura del hotel es uno de los grandes alicientes de recalar aquí no es, ni mucho menos, el único. El emplazamiento de estos gasterópodos artificiales no es baladí. Aquí el silencio y la limpidez del cielo son sublimes. "El antiguo promotor de esta finca decidió construir unas edificaciones que casaran con el entorno, pero que sobre todo conectaran con el estupendo paisaje de la Sierra", explica Santos, el actual propietario del hotel. Integradas en el paisaje, las oníricas conchas no sólo permiten sentirse parte de la naturaleza en su exterior, sino que su interior destila el virtuosismo de las cuevas de Guadix: ambiente cálido en invierno, fresquísimo en verano. Aunque cuando el termómetro certifica por qué estamos en la Costa del Sol no hay mejor destino para refrescarse que la piscina de la que dispone el hotel o de un refresco en la terraza.

Las oquedades de las conchas albergan amplias suites con capacidad para dos o tres personas. "Los clientes acostumbran a venir con cierto escepticismo, pero una vez se instalan y se hacen con las formas de las conchas sus caras de sorpresa son como las de niños que acaban de recibir un regalo especial. Se adaptan perfectamente a sus formas ovaladas y lo encuentran muy divertido y acogedor", añade Santos. En su interior, las casas caracol disponen de un dormitorio principal, un salón con sofá cama, un gran cuarto de baño con bañera —los motivos decorativos de Gaudí son aquí los protagonistas- y un porche privado con maravillosas vistas al Mediterráneo en un balcón natural.

THE HOOPOE YURT HOTEL

Descanso al estilo mongol

THE HOOPOE YURT HOTEL ㉗
29380 Cortes de la
Frontera (Málaga)
+ 34 666 668 241
info@yurthotel.com
www.yurthotel.com

HABITACIONES Y TARIFAS
La yurta para dos personas
tiene un precio de 120 € por
noche (desayuno incluido).
Se debe reservar para 3, 4
o 7 días. El hotel abre de
mayo a mediados de octubre.
No se admiten reservas con
niños pequeños al no tener
las instalaciones adecuadas.

CÓMO LLEGAR
Situado a hora y media
del aeropuerto de Jerez, lo
mejor es tomar la A-382 a
Arcos y continuar sin entrar
en la ciudad. Después,
desviarse a la derecha por la
A372 dirección El Bosque y
Ubrique. En el km 28, coger
la A-373 hacia Ubrique.
Después de atravesar el
pueblo, seguir por la misma
carretera hacia Cortes de la
Frontera. También se puede
llegar en tren hasta Cortes de
la Frontera desde San Roque.

En 2002, los Hunt, una pareja de ingleses formada por Ed y Henrietta en busca de un lugar plácido y hermoso en el mundo, acabaron su peregrinar en la población de Cortes de la Frontera, al oeste de la provincia de Málaga, entre la Sierra de Grazalema y las miles de hectáreas de Los Alcornocales. Estrechando el círculo, se toparon con tres hectáreas de olivos y alcornoques en medio de una pradera al pie de una montaña. No tuvieron que seguir buscando, habían encontrado su sitio. Tampoco tuvieron que invertir mucho tiempo en descubrir cómo iban a instalarse. "Queríamos una vivienda barata y fácil de montar", explica ella. La fórmula estaba cantada: una yurta mongol era la mejor opción. Dicho y hecho. Claro, de encontrar un paraíso a querer compartirlo con otros sólo hay un paso, así que decidieron crear un hotel de lo más insólito: un poblado de yurtas. "Nosotros también vivimos en yurtas, una forma de vida ecológica y confortable que quisimos ofrecer a otros", añade Henrietta. Una realidad desde el año 2004 —fueron los pioneros de este alojamiento en España-, desde entonces sus cinco yurtas están disponibles para todo aquel que quiera vivir en primera persona la naturaleza silvestre de Andalucía, sobre todo por la noche, cuando ciervos y búhos se dejan notar. Durante el día, aves como el milano negro, el águila real y la abubilla —el animal totémico de este hotel, al que da nombre- revolotean por encima de las tiendas, vecinos silvestres de esta forma diferente y glamurosa de acampada.

Las cinco yurtas -todas con capacidad para dos personas- tienen estilos diferentes, aunque todas han sido decoradas con esmero por el matrimonio con mobiliario tradicional de Mongolia, antigüedades y tejidos exóticos. Son amplias y confortables, con baño privado, ducha y una pequeña parcela de terreno propio con hamacas -una siesta en ellas, acunado por la brisa, es un placer mayestático- para disfrutar de la naturaleza. La Yurta Mongol, cuyo interior

anaranjado con motivos tradicionales en verde, azul y oro es una fiel representación de las tiendas de los herederos de Gengis Khan, está situada en un tranquilo claro y es una de las más demandadas. Por su parte, la Yurta Afgana, con postes de madera curvados y un techo bermellón que consigue crear un ambiente íntimo, es la más solicitada por los recién casados. Para el que suscribe ésta es una de las más recomendables –sobre todo cuando la primavera eclosiona en mil perfumes y colores- por el prado de aromáticas flores silvestres en el que se encuentra. La Yurta Jaipur está fabricada con madera de castaño. Es una de las más luminosas, ya que la luz del sol se cuela a través de las hojas de los alcornocales que la rodean. La Yurta Safari está inspirada en motivos africanos y es la idónea para los que quieran perder la vista en la pradera. Finalmente, la Yurta Maimani -su gran *kilim* afgano fue traído expresamente del pueblo Maimani- está construida con madera de castaño y es la más grande de todas.

Aunque diferentes, de lo que no hay duda es de la sensación de tranquilidad que comparten todas las yurtas. "Te sientes aislado del mundo. El sitio es precioso y, además, por su emplazamiento, los clientes no se ven los unos a los otros, hay total intimidad", justifica Henrietta. La impresionante pérgola ubicada al lado de la piscina no sólo es el ágora perfecta para conocer, si se desea, a los habitantes de otras yurtas, sino también la coordenada gastronómica de The Hoope Yurt Hotel. Aquí se sirven los desayunos -incluidos en la tarifa y con *delicatessen* como la miel de las colmenas de la zona y las confituras caseras- y las cenas bajo las estrellas (sólo lunes, miércoles, viernes y sábado), cuyos menús están elaborados a base de alimentos de la huerta de los Hunt, cócteles y tapas. En verano, las proyecciones de cine al aire libre son memorables, como los masajes revitalizantes, las sesiones de yoga o las tardes de juegos de cartas tumbados en los cojines turcos. Un oasis mongol en el corazón de Andalucía donde el *dolce far niente* se convierte durante unos días en un relajado estilo de vida.

CASAS KAREN

Dormir en una choza de paja

Casas Karen ㉘
Camino del Monte, 6
11159 Los Caños de
Meca (Cádiz)
+ 34 956 437 067 / 649
780 834
info@casaskaren.com
www.casaskaren.com

Habitaciones y Tarifas
El precio de las chozas varía
según la temporada. La
Choza Grande cuesta 405
€ la semana en temporada
baja y 75 € la noche (760
€ la semana en temporada
alta y 125 € la noche). En
temporada baja, el precio por
semana y por noche en La
Choza Pequeña es de 340 €
y 70 €, respectivamente. En
temporada alta, el precio de
una semana y de una noche
en la Chozita es de 515 € y
85 €, respectivamente. La
Choza Grande, dentro de
un jardín natural de 500
m2, cuenta con una cama
adicional en el salón, una
cocina totalmente equipada
y cuarto de baño propio con
ducha. La Choza Pequeña
(para 2 o 3 personas) cuenta
con una habitación doble
con cama de madera hecha
a mano, una cocina y un
cuarto de baño con ducha.
La Chozita es la más pequeña
—para 2 personas- de las tres
chozas. Dispuesta en un solo
ambiente, con cama doble de
madera, sofá cama, cocina
y frigorífico. El cuarto de
baño, con ducha abierta, es
compartido con los huéspedes
de Casas Karen y se encuentra
en una choza pequeña de
paja y recubierta de fibra de
vidrio turquesa. No dejar
de consultar en la web las
ofertas de última hora.

Con bisabuelos lituanos, abuelo austriaco, madre norteamericana y padre del norte de Inglaterra, no es extraño que Karen, nacida en Bélgica, entendiera la vida desde muy joven como un viaje apasionante y lleno de posibilidades. Así es que con apenas 18 años inició su vocación de trotamundos viajando y viviendo en mil lugares: Londres, Tel Aviv, Grecia, Budapest, Praga, Madrid... hasta que en 1985, con 20 años, descubrió un lugar único: Los Caños de Meca, en la comarca gaditana de La Janda. "Cuando vi el blanco de los pueblos, el intenso azul del mar, las playas salvajes, el carácter afable y relajado de la gente viviendo en chiringuitos de caña lo tuve claro", confiesa.

Apenas unos meses después de haber descubierto este luminoso rincón de la costa de Cádiz, Karen decidió echar raíces en él para forjar uno de los alojamientos más curiosos de España: tres chozas hechas íntegramente de paja, madera y caña, abiertas para todos aquellos que buscan un poco de paz y de singularidad. Lo cierto es que la diversidad de la clientela de las chozas habla a favor de su gancho para todos los públicos: surfistas, artistas, abogados, familias con niños...

Las chozas son una de las moradas más antiguas de la costa andaluza, compartiendo las grandes bondades de esta tierra y de su gente: sencillez, frescura, naturalidad... Construidas sobre una estructura de madera, un entramado de caña atada al armazón con cuerdas hace las veces de paredes, revestidas de paja exterior. El conjunto de las chozas destila cierto *feeling* de pueblo primitivo, resguardado gracias a su espléndido vergel, "salvaje, sin manicura, nada de un jardín inglés" como matiza al instante Karen, una apasionada de la ecología.

Si a Karen se le pregunta qué sensaciones experimentan los clientes cuando se alojan en las chozas de paja —ella las conoce bien porque entre 1999 y 2002 vivió en la Choza Grande-, cierra los ojos, respira hondo y responde con

Cómo Llegar

Entrando en la rotonda de
Vejer de la Frontera en el km
36 de la A-48, entre Cádiz
y Tarifa, coger la carretera
a la derecha siguiendo la
señalización hacia Los Caños
de Meca. Ya en la población,
seguir la calle Levante
unos 400 metros y girar
a la derecha en "Camino
del Monte", un camino de
tierra siguiente a la calle
Botavara. A unos 50 metros,
a la izquierda, el cartel de
Casas Karen ya es visible.

una batería de imágenes: "Tras vivir en ellas durante unos días se conquista la misma sensación de ligereza que como cuando un avión acaba de aterrizar, las mismas vibraciones positivas como cuando apagas el ordenador tras un día duro y el mismo confort rústico que brindaría dormir en un nido de pájaro". A esa confortabilidad ayuda el mobiliario —la mayoría de las piezas son rarezas que la madre de Karen, anticuaria de profesión, ha rescatado de diversos rincones del mundo- y una predominante estética andalusí en las telas, cortinajes y detalles decorativos.

Para el huésped que por primera vez se adentra en este espacio vegetal la sensación es la de estar entrando en la casa del más pequeño de los tres cerditos de la fábula, aquél que decidió construir su casa de paja. Con una diferencia notable: aunque livianas, acogedoras y con un punto de arquitectura arcaica, las chozas de paja están hechas a conciencia y a prueba de bufidos de lobo, de tormentas de verano y del levante gaditano. Situadas a 5 minutos del mar la caricia de la brisa marina llena la estancia interior de sutiles crujidos, el lenguaje de la paja. Aunque las tres chozas comparten características, cada una es única. Por ejemplo, el suelo del gran salón de la Choza Grande es de una sonora grava blanca.

"Es para estar más cerca de la tierra", apostilla Karen. Como descubrirá el huésped, en las chozas de Karen hay rituales sacrosantos, de esos que deben cumplirse piadosamente. Como el de tomar un tentempié casero, por ejemplo, bajo el refrescante porche de cañas y madera de la Choza Pequeña —en Casas Karen no hay servicio de restaurante, pero las chozas disponen de una cocina equipada donde preparar la comida- al mediodía, entre mimosas y retama, o mirar las estrellas desde las comodísimas hamacas mexicanas de las que disponen las tres chozas.

En definitiva, como a Karen le gusta decir, "un lugar donde jugar con la magia de la vida".

HOTEL UTOPÍA

Un oasis 'Belle Époque'

Hotel Utopía 🄯

Calle Dr. Rafael Bernal, 32
Benalup-Casas Viejas
11190, Cádiz
+ 34 956 419 532
info@hotelutopia.es
www.hotelutopia.net

Habitaciones y Tarifas

El precio por noche de la habitación doble es de 139 €; el de la doble superior, de 198 € y el de la doble superior con salón (suite junior) de 250 €. En los precios ya está incluido el IVA y el desayuno buffet.

Cómo Llegar

El hotel está situado en Benalup-Casas Viejas, a 50 minutos de Cádiz, 30 minutos de Conil de la Frontera y Zahara de los Atunes. Cogiendo la autopista A-48 desde Cádiz desviarse en la salida 7 hacia Medina Sidona por la A390. Una vez allí, seguir por la A-396 hasta llegar a Benalup-Casas Viejas.

El Diccionario de la Real Academia de la Lengua Española define *utopía* como "plan, proyecto, doctrina o sistema optimista que aparece como irrealizable en el momento de su formulación". Dicho de otro modo, utopía no es más que un hermoso puñado de arena que se escurre entre los dedos, una expresión de lo intangible, de lo irrealizable. Sin embargo, algo cruje en esta definición cuando se aplica al Hotel Utopía, un cuatro estrellas que es toda una realidad donde el optimismo (no falta cierta dosis de excentricidad) consustancial de la utopía late en todos sus rincones. Tiene como patria chica el hotel el pueblo de Benalup-Casas Viejas, un pedazo de tierra gaditana donde los pueblos blancos decoran un paisaje único de llanuras doradas. "El hotel nació por azar, cuando un amigo y yo decidimos crear un proyecto hotelero singular que salvaguardara la estética y el patrimonio urbano del pueblo y, a la vez, acercase al *glamour* y las vanguardias de la tercera década del siglo XX, época dorada y utópica por excelencia", confiesa Miguel Ángel Fernández, el demiurgo e impulsor de este homenaje al *art de vivre* de la *Belle Époque* europea. Los cubistas parisinos, el jazz de Nueva Orleans, la Bauhaus, el Berlín de Weimar… todo está condensado en el hotel, convertido ya por méritos propios en un lugar de culto "donde la gente no viene sólo a alojarse, sino que se acerca a revivir una época, se traslada a un mundo ya extinto pero de fuerza arrebatadora", cuenta su propietario.

Lo cierto es que, a primera vista, es difícil asegurar si se está alojado en un hotel o en un museo, entre otras cosas porque Miguel Ángel -personaje polifacético donde los haya: es periodista, galerista y editor- ha logrado recopilar para disfrute de sus huéspedes la mayor colección de arte de los años 30 de España. Para exprimir al máximo la estancia y bucear en esos años no hay nada mejor que invertir un par de horas en recorrer el museo del hotel, "uno de nuestros proyectos más ambiciosos", explica Miguel Ángel.

No exagera: entre sus 1.500 piezas originales no faltan carteles, pinturas, primeras ediciones de libros, juguetes antiguos y una vasta colección de fotografías, películas, periódicos y revistas de aquellos años. No obstante, las verdaderas protagonistas del hotel son sus 16 habitaciones -antiguas viviendas del casco viejo de Benalup-Casas Viejas—, todas distintas y decoradas en concordancia con sus sugerentes nombres. Poetas, República, Art Decó, París 1937, Cabaret, Paquebot, Zeppelín… y así hasta 16. Imposible destacar sólo una, pues todas tienen algo irrepetible. Aunque puestos a dar nombres, una de las más exclusivas es Ilustración, por su exquisita decoración en la que destacan sus frescos.

El hotel cuenta con otra joya, su fonda, una coordenada que sería inapropiado, cuando no injusto, definir únicamente como el restaurante de Utopía. Porque un lugar que es capaz de ofrecer a sus comensales el menú de primera clase del *Queen Mary* del año 1935 en una vajilla *art decó* -réplica de la que se usó en el buque- o cuya barra del bar, al lado del escenario, perteneció a un *riverboat* hundido en los años 30 en aguas del Mississippi, pues lo dicho, no puede ser sólo un restaurante. Para hacer honor a su verdadera naturaleza, la fonda es una recreación perfecta de la bohemia de entreguerras. Lo comprobará al instante, como si hubiera traspasado una dimensión temporal, cuando los acordes de jazz, blues o tango le introduzcan en la misteriosa penumbra del espacio.

Aquí se da citan el cabaret y el café-teatro, así como música y actuaciones en directo de personajes —son ya como de la familia del hotel- como el Gran Wyoming, Mikel Erentxun o Pablo Carbonell. Tras disfrutar del espectáculo, si aún no ha caído rendido ante el utópico magnetismo de los "felices años treinta" siempre le quedará leer la prensa del día de esa década prodigiosa, un momento único en la que la cultura, la libertad y la imaginación nunca fueron tan unidas de la mano.

CASAS BIOCLIMÁTICAS ITER

O cómo participar en un experimento científico

Casas Bioclimáticas Iter 30
Polígono Industrial
de Granadilla, s/n
38600 Granadilla de Abona
(Santa Cruz de Tenerife)
+ 34 922 747 700
casas.bioclimaticas@iter.es
www.casas.iter.es

Habitaciones y Tarifas
Las 25 casas incluyen modelos para 2, 4, 5 y 6 personas, cuyos precios por día son de 136 €, 168 €, 189 € y 210 €. El alojamiento es de 3 noches mínimo. Todas las casas disponen de WiFi, TV, caja fuerte, teléfono, secador de pelo y cocina con dotación completa de menaje y patio o jardín. La cocina de la casa cuenta con productos básicos para disfrutar del desayuno. Para el resto de las comidas hay otras opciones, como la reserva a través de la web de *chef in house*: algunos de los mejores chefs de la isla se desplazan a la casa para cocinar en vivo una selección de platos).

Cómo Llegar
Tome la autopista TF-1 para, si viene desde Los Cristianos, salirse en la salida 5; si llega desde Santa Cruz tome la salida 52. Dejando a un lado el Polígono Industrial de Granadilla, conduzca unos 3 km hasta las casas.

¿Le apasiona el ecoturismo? ¿quiere disfrutar de una vivienda de lujo pero con cero emisiones de CO2? ¿y saborear el encanto canario de Tenerife, frente al mar y junto al Monumento Natural de Montaña Pelada? Si la respuesta a todas estas preguntas es un sí, no lo dude, la Urbanización Casas Bioclimaticas ITER (Instituto Tecnológico y de Energías Renovables) es su destino. Ubicada al sur de la isla de Tenerife, la principal peculiaridad de este complejo alumbrado por este centro de reconocido prestigioso es que está formado por 25 modelos distintos de viviendas bioclimáticas. En una palabra, se trata de un megalaboratorio de integración de energías renovables aplicadas a la arquitectura. O dicho de otro modo, a la par que huésped, su disfrute de la casa, así como sus hábitos y usos energéticos en ésta le convertirá en algo así como un conejillo de Indias. Eso sí, una cobaya con el lujo, el confort y la brisa marina de Tenerife como acompañantes de su estancia aquí. La razón es que cada una de las viviendas, autosuficientes desde el punto de vista energético a través del uso de paneles fotovoltaicos y térmicos, está equipada con sensores para la medición de parámetros comunes a todas ellas, para un posterior procesamiento y comparación, y otros específicos en función de las características de cada una de las viviendas (velocidad del viento y dirección en toberas de aire, humedades…). Esta monitorización evalúa el funcionamiento real de cada vivienda, el estudio de las técnicas bioclimáticas empleadas y su eficacia, lo que facilitará la réplica de futuras iniciativas de construcción sostenible en zonas cálidas como la tinerfeña. Claro está, para que esos datos científicos sean reales necesitan de huéspedes. Vaya por delante que la urbanización ni ha nacido con esa voluntad ni es un alojamiento turístico, aunque bien es cierto que la mayoría de las *cobayas* que desde enero de 2011 —fecha del pistoletazo de salida para esta investigación- han recalado en ellas son turistas atraídos

por esta innovadora propuesta y por el atractivo de Tenerife. Cada una de las 25 viviendas es diferente en cuanto a diseño, materiales, técnicas de aprovechamiento de los recursos naturales, integración arquitectónica de energía solar térmica y fotovoltaica. Su distribución y orientación ha sido estudiada milimétricamente para lograr su máxima integración en el paisaje, prestando especial atención al diseño del microclima alrededor de las viviendas. No son arazosos los diseños de las viviendas, en su gran mayoría herederos de patrones de arquitectura canaria. Para demostrarlo ahí está el modelo La Geria (6 pers.), inspirada en el método tradicional del cultivo de la vid en la isla de Lanzarote, *plantada* en un hoyo semiamurallado que la protege del viento. Así es este racimo de casas con alma ecológica, un alojamiento con vocación de aparecer en los libros de ciencia medioambiental y en el que usted puede dejar su huella.

HOTEL

HOTEL PUNTA GRANDE

El más pequeño del mundo

HOTEL PUNTA GRANDE ❸❶
Las Puntas, 38911
Frontera, El Hierro
(Islas Canarias)
+ 34 922 559 081
/ 660 076 559

HABITACIONES Y TARIFAS
Durante todo el año la tarifa
fija por noche es de 80 €
la habitación doble y de
60 € la individual, ambas
con desayuno incluido.

CÓMO LLEGAR
Desde los aeropuertos de
Tenerife Norte, Las Palmas
de Gran Canaria y La Palma
se puede enlazar diariamente
con el aeropuerto de Los
Cangrejos en la isla de El
Hierro. Desde el mismo
aeropuerto se puede realizar
por carretera -en vehículo
alquilado o transporte
público- el trayecto que
une el aeropuerto con la
zona de Las Puntas, donde
se encuentra el Hotel
Punta Grande. También se
puede llegar en Ferry desde
Tenerife Sur o bien desde
la isla de La Gomera.

Erguido orgulloso ante el paso del tiempo y ajeno a los envites del salvaje oleaje atlántico, como un buque de negra roca volcánica varado en el último acantilado del fin del mundo. Esa es la impresión que se tiene cuando se contempla por primera vez el Hotel Punta Grande, el hotel más pequeño del mundo como ha certificado el *Libro Guinness de los Récords* desde 1989. El edificio que acoge el hotel se asienta sobre los cimientos de un antiguo almacén de finales del siglo XIX que servía para guardar las mercancías que descargaban las embarcaciones cuando llegaban a esta zona de El Hierro conocida como Punta Grande. En los años 70, un ciudadano sueco afincado en la isla se hizo con la propiedad y decidió construir un restaurante. Su afición por el mar y por la navegación le sirvió como inspiración para levantar, en 1987, un hotel que destilara sabor a mar por todos sus rincones.

Todo en él es pequeño, empezando por el número de habitaciones: sólo dispone de cuatro, todas encaradas al mar e iguales a excepción de la pequeña terraza triangular con la que cuenta la número 2. Son sencillas, con camas individuales y una decoración propia de un camarote, con detalles náuticos como la ventana del servicio, un auténtico ojo de buey de un navío. Eso sí, aunque despojadas de grandes lujos, las habitaciones del Punta Grande gozan del sonoro privilegio de tener el mar a sus pies. No hay que agudizar demasiado el oído porque durante la noche, incluso con la mar más calmada, el vaivén de las olas rompiendo contra la roca volcánica sobre la que se asienta el hotel permite experimentar la misma sensación de estar a bordo de un navío. "Esa *travesía* por el mar es especialmente alucinante durante el invierno, cuando el batir de las olas que rompen bajo las rocas es un fenómeno que atrae a muchos visitantes", explica Miguel Torres, el *patrón* de este barco desde su inauguración.

Es cierto, el reducido tamaño del Punta Grande es uno de sus reclamos más famosos, pero no es, ni mucho menos, el

único. Para empezar, su interior es un maravilloso museo náutico con joyas de coleccionista. Miguel es, sin duda, el mejor cicerone para recorrer este santuario marino digno de los mejores relatos de Julio Verne. Telégrafos, brújulas de latón, redes de pesca, lámparas, cuerdas… Para dar una vuelta al mundo en 80 matrículas nada como repasar con la mirada todas las señas que pueblan una de las paredes, con inscripciones de buques procedentes de todo el planeta. Aunque el verdadero tesoro de la corona del Punta Grande es un traje de buzo de principios del siglo XX con escafandra incluida que susurra párrafos enteros de *20.000 leguas de viaje submarino*. En el piso superior se encuentra un salón de lectura con cómodos sillones y unas increíbles vistas hacia el horizonte oceánico que son el mejor aliado para encontrar un remanso de paz y de tranquilidad. Desde aquí se accede al solárium, ubicado en la *popa* del hotel.

El Punta Grande cuenta con un recoleto comedor –apenas una docena de mesas- en el que se sirve el desayuno, comidas y cenas diariamente. Al caer la noche, con el suave ronroneo del mar y bajo las raíces retorcidas de una sabina que penden del techo, es el mejor momento para degustar alguna especialidad de la casa, como el famoso queso

herreño y sus quesadillas o la vieja a la plancha, un pescado autóctono que preparado al estilo local es todo un manjar. Es tras un delicioso ágape como ése cuando llegará a la conclusión a la que llegan todos los que se han hospedado aquí alguna vez: que el Punta Grande, es, en realidad y a pesar de la ironía de su renombre como hotel más pequeño del mundo, un alojamiento de singularidad gigantesca.

RIV S

VAGÓN RURAL

Duerma en un vagón de tren

Vagón Rural 32
Camino de los Silvestres, 32
30107 Guadalupe (Murcia)
+ 34 968 858 806
/ 639 520 157
info@vagonrural.es
www.vagonrural.es

Habitaciones y Tarifas
El precio de alojarse en el vagón es de 45 € por noche (2-3 personas) de lunes a jueves. La tarifa de fin de semana completo es de 110 €. Sólo incluye alojamiento.

Cómo Llegar
Coger la A-7 en dirección a Murcia. El apartamento / casa rural se encuentra a tan sólo un kilómetro de la salida de la autovía del Mediterráneo, junto a la Universidad de San Antonio (UCAM), a diez minutos del centro de la ciudad.

En plena huerta de Murcia, a pocos kilómetros a las afueras de la capital, rodeados de limoneros, se erigen tres antiguos vagones de tren de los años 50 que tras ser rehabilitados se han convertido en fantásticos apartamentos rurales. Una alternativa de alojamiento tan original como económica. "Un amigo me comentó que Renfe quería desprenderse de varios vagones antiguos y conseguí unos cuantos. De hecho, uno de ellos se convirtió en mi vivienda durante un tiempo", explica Juan, el propietario de este insólito hotel ferroviario, a quien la experiencia le apasionó tanto que le hizo soñar con compartirla con otros a través de esta propuesta hotelera. Ideal para vacaciones en pareja y grupos de amigos, los vagones de tren de mercancías tipo ORE-1 de la compañía Renfe, cuyo logo es aún bien visible, están equipados con todo lo necesario para conseguir una estancia más que confortable. En su interior no hay elementos decorativos que recuerden que se está dentro de un vagón de tren ya que, "al tratarse de trenes de mercancías antiguos, que llevaban sacos de comida y materiales para la construcción, el interior necesitaba una profunda rehabilitación y carecía de tanto interés como la estructura en sí", aclara Juan. El interior es diáfano, con un mobiliario funcional y básico. Cuenta con una habitación doble en la que es posible añadir una cama supletoria, un baño con grifería térmica en la ducha, cocina equipada con utensilios y vajilla, sala de estar con sofás y televisión y una enorme terraza en la que disfrutar del paisaje de este tranquilo rincón de Murcia. Dispone también de aire acondicionado y calefacción para que sea posible alojarse en él durante todo el año. La decoración, dominada por los azules y los colores madera, ha sido diseñada por el propio Juan con la ayuda de unos amigos. "Quería que se pareciese lo más posible a una casa, sin artificios y añadidos superfluos, eso sí, con todo lo necesario para estar cómodo en un espacio algo mayor que una caravana", cuenta. Tan confortables son estos vagones que, si la disponibilidad lo permite, es posible alquilarlos para largas estancias.

CASA DEL MUNDO

Carretas para todos los gustos

CASA DEL MUNDO ❸❸
Partida Torresellas, 47
03109 Tibi (Alicante)
+ 34 676 278 480
finca@casadelmundo.eu
www.casadelmundo.nl

Habitaciones y Tarifas
Cada carreta tiene un precio
que varía según la temporada.
Se pueden contratar por
días o por semana. El precio
por semana va desde los
335 € hasta los 785 €. Por
día, desde 48 € hasta 115 €.
Cerrado en enero. La Casa
del Mundo también ofrece
a los clientes una coqueta
casa balinesa bautizada
con el nombre "El gazeebo
Sumatra" que dispone de
baño y cocina propios.

CÓMO LLEGAR
Desde el aeropuerto de
Murcia o Alicante, coger la
autopista A-7 en dirección
Valencia. Tomar la salida
A77 hacia Alcoi. Seguir por
la autovía hasta encontrar
la salida CV-810 hacia Tibi.
Pasado el pueblo, a 1,5 km
se ve una casa blanca a la
derecha. Enfrente de la
casa, un camino sube hasta
la finca Casa del Mundo.

"Vivir viajando". Este es el lema de Casa del Mundo, un original alojamiento situado en Tibi, pequeña localidad de Alicante y que resume toda la filosofía con la que Jon, dramaturgo de origen holandés e impulsor de Casa del Mundo, ideó en 2007 este singular concepto de hacer *glamping*.

"La idea era y es acercar el mundo a los huéspedes, ofreciéndoles la posibilidad de alojarse en espacios que representan diferentes países, disfrutando así de la sensación de viajar sin tener que desplazarse", explica. Una matización en lo que al concepto *habitaciones* se refiere: en realidad se trata de seis vagones, casas rodantes y carromatos de madera, originarios de diferentes lugares de Europa y varados en medio de la naturaleza alicantina.

"Se trata de antiguas carretas de madera labrada, decoradas temáticamente y modernizadas en su justa medida para ofrecer todo el confort a nuestros clientes", aclara Jon, quien recuerda los orígenes diversos de estas carretas: Francia, Dinamarca, Holanda, Checoslovaquia, Hungría y hasta una casa de arroz originaria de Indonesia (El gazeebo Sumatra), fabricada con bambú y hojas de palmera. Las carretas reciben nombres tan sugestivos como Andalucía, Balkan, Circus Mongo y Elephantwagon, Punjab y Bosporus. Para los que quieran emular un safari africano Casa del Mundo cuenta también con *safari lodges*: Kenia, para 6 personas, y Zambia, para entre 2 y 5 huéspedes. Todas estas habitaciones con ruedas disponen de cocina y baño propio -ya sea en su interior o en el exterior, en una edificación anexa- y unas hectáreas de jardín privado frente a un refrescante paisaje trufado de almendros, olivos, granadas, higueras y viñedos.

Las casas rodantes disponen de una bonita sala de estar y una confortable habitación con cama para dos personas, con posibilidad de añadir dos camas extra para niños con un coste adicional.

Para los más pequeños, precisamente, Casa del Mundo ofrece la posibilidad de alquilar tiendas indias o beduinas para instalarlas en el jardín, justo al lado de las carretas, con lo que sus padres podrán descansar tranquilamente mientras los más pequeños disfrutan de la acampada. No sólo las carretas acercan a los clientes a otras culturas y paisajes. También el restaurante de Casa del Mundo invita a degustar especialidades exóticas de aquí y de allá gracias a platos tan sugerentes como pollo con salsa de cacahuetes de Indonesia, queso fundido de Hungría, *tahine* de Marruecos, hamburguesas y carne asada al estilo americano…

Una combinación de lo más internacional que permite un viaje por el mundo sin salir de tierras alicantinas.

COMENTARIOS DE LOS CLIENTES

"Todo un descubrimiento. Una cocina diferente y exquisita, acompañada de un trato familiar y un entorno más que acogedor".

"Nos encanta. Lo consideramos nuestro rincón especial donde desconectar del mundo".

REFUGIO MARNES

El exotismo de una jaima bereber

REFUGIO MARNES 34
Ptd Marnes 20115
03720 Benissa (Alicante)
+ 34 637 063 003
info@refugiomarnes.com
www.refugiomarnes.com

HABITACIONES Y TARIFAS
El precio de alojarse en La
Jaima oscila entre 378 € y
630 € por semana. Capacidad
para cuatro personas.
Desayuno opcional.

CÓMO LLEGAR
El hotel se encuentra a una
hora de los aeropuertos de
Alicante y Valencia. Desde el
aeropuerto de Alicante, tomar
la A-7 en dirección Valencia.
Si se llega desde el de
Valencia, tomar la dirección
sur. En ambos casos, dejar
la autopista en la salida 63
Benissa/Teulada/Gata de
Gorgos y coger la nacional
332 en dirección Calpe.
Pasar por Benissa y tomar la
CV749 hacia Sierra de Bernia
Pinos. Después de 8 km,
seguir por la carretera hasta
encontrar un puente. Justo
después, girar a la derecha
hasta llegar a una granja.
Unos 400 metros después
seguir las señales de la
izquierda a Refugio Marnes.

Como su nombre indica, Refugio Marnes nació para convertirse en un rincón donde escapar del ruido y del ajetreo, un lugar donde los clientes, generalmente urbanitas, toman conciencia de la paz de la vida campestre.

Situado al pie de la Sierra de Berna, en el interior de la Costa Blanca, Refugio Marnes fue una antigua finca ganadera de 25 hectáreas reconvertida por los actuales propietarios, los holandeses Willem y Richard, en lo que es hoy: un acogedor y singular hotel. Los huéspedes pueden escoger entre alojarse en los antiguos establos —hoy un B&B-, en un reconvertido pajar o en la estrella de este rincón alicantino: una jaima árabe emplazada en la antigua dehesa "que quiere rememorar la época en la que los musulmanes habitaban estas tierras", explica Willem. La visión de esta lujosa tienda emplazada entre los bancales fenicios que rodean la finca es como un espejismo del desierto… sencillamente abrumador.

Pero si desde fuera es impresionante, más lo es una vez traspasada su *puerta*. "Hemos viajado a Marruecos varias veces para obtener la jaima ideal, incluso hemos comprado tela en Alemania para llevarla a Casa Blanca, para que nos fabricaran una auténtica jaima bereber", cuenta Willem, quien recuerda que la tienda "está hecha por la empresa que fabrica las jaimas para la Casa Real de Marruecos, por lo que la calidad es inigualable". Sus 10 x 5 metros -¡montar o desmontar una jaima de estas dimensiones requiere del esfuerzo de 12 personas!- permiten alojar cómodamente a cuatro personas. Decorada con exquisito gusto, con muebles y objetos originarios del norte africano, hospedarse bajo sus telas mientras se escucha música marroquí tumbado en el sofá de mullidos cojines es lo más parecido a sumergirse en un oasis.

Por la noche, la cálida iluminación de los farolillos bereberes da vida a la estancia, que cuenta con armarios de madera hechos a mano, tapices, baúles, mesas, sillas

y dos inmensas camas dobles resguardadas por sendas mosquiteras. La jaima dispone de un cómodo baño privado y de 12 hectáreas de jardín privado, un balcón privilegiado para que los huéspedes disfruten de bucólicas puestas de sol en un entorno magnífico y con una BSO muy particular: el canto de los pájaros y de los insectos. Por si fuera poco, los aromas de la sierra de Berna, cambiantes según las estaciones del año, empapan el ambiente de naranjos y jazmín.

"Por este entorno natural decidimos crear Refugio Marnes. Era una necesidad de vivir en el campo, de crear espacios bonitos y de, además de tener nuestro propio negocio, contribuir a mejorar el mundo con formas de hacer más sostenibles", confiesa Willem. No son sólo palabras.

En Regugio Marnes todas las estancias de la finca funcionan con energía solar y el agua de la piscina, integrada en el entorno gracias a su construcción de piedra y al color verde de su fondo, no contiene cloro sino agentes purificadores no agresivos como el oxígeno.

ISLA TAGOMAGO

Un paraíso privado en el Mediterráneo

Isla Tagomago ❸❺
07840 Santa Eulàlia (Ibiza)
+ 34 971 228 019
info@tagomago-island.com
www.tagomago-island.com

Habitaciones y Tarifas
El precio del alquiler oscila
entre los 100.000 y los
250.000 € por semana según
las fechas. Incluye la mansión
de cinco suites dobles para
un máximo de diez personas,
personal de servicio,
restauración y traslado
de ida y vuelta a Ibiza.

Cómo Llegar
La isla está a media milla de la
costa ibicenca. Se puede llegar
con embarcación privada
desde el puerto deportivo de
Santa Eulalia o en helicóptero.

En una coqueta isla de 400.000 m2, situada a 900 metros de la costa de Ibiza, se esconde uno de los refugios más exclusivos de España y, en realidad, de todo el Mediterráneo. Se trata de la paradisíaca isla de Tagomago, una de las pocas y más hermosas islas privadas de la Península Ibérica, un rincón de resonancias homéricas que ofrece la posibilidad —sólo para pequeñas fortunas, para qué nos vamos a engañar— de disfrutar de una ínsula en medio del *Mare Nostrum* con total privacidad. Ya no es necesario viajar hasta el Caribe o al Índico para hacerlo.

Tagomago está ahí, a la vuelta de la esquina para ofrecer la misma sensación de exquisitez y libertad. Vaya por delante que la isla Tagomago no se trata de un hotel al uso, sino de un paraíso que se alquila en su totalidad, una residencia vacacional de lujo disponible para todo aquel que quiera (y pueda costeárselo) alejarse del mundanal ruido. Su singularidad reside principalmente en su ubicación, en una zona idílica como es Ibiza y a media hora en barco de las playas de ensueño de Formentera. En alquiler desde 2008, en la isla han tenido el privilegio de alojarse los rostros más conocidos del papel couché y de la *jet set* europea, pasando por deportistas de élite, empresarios, políticos y artistas de medio mundo. Y es que pasar unos días con sus noches en Tagomago significa mucho más que disfrutar de unas idílicas vacaciones. En realidad se trata de vivir una experiencia emocional increíble en un enclave exclusivo, un sentimiento de libertad absoluta que destila este paraíso particular y salvaje.

La única construcción habitable de la isla es una soberbia mansión de diseño recientemente reformada y compuesta por cinco lujosas suites dobles con baño integrado y con sus correspondientes terrazas. Con una decoración impregnada de minimalismo en el que destaca el predominio cromático del blanco, el rojo y el gris, priman los materiales naturales como la piedra de pizarra y la madera, omnipresentes en la

espectacular zona *chill-out* situada en los alrededores de la casa. Una maravillosa piscina con vistas al mar, un completo sistema de iluminación LED que traslada todo el hechizo de Ibiza a la isla, zonas ajardinadas, un *jacuzzi* exterior, un lujoso *chill-out* con *day beds* y un gimnasio con vistas inmejorables situado en la azotea de la casa completan una estancia de ensueño.

El precio del alquiler de la isla y la villa (para un máximo de diez personas) incluye, además del personal de servicio formado por cuatro personas (cocinero privado, ayudante de cocina, personal de limpieza y mantenimiento, así como un capitán para los desplazamientos en barco y los deportes acuáticos), la restauración durante toda la estancia y los traslados en helicóptero desde y hasta el aeropuerto de Ibiza los días de llegada y de salida. La isla no sólo se alquila como residencia vacacional, sino también para celebrar fiestas privadas, eventos corporativos e, incluso, rodajes. Argumentos no le faltan. El paraje natural, de una belleza sin igual gracias al bosque de sabinas que puebla todo el peñón y al turquesa de las aguas que la rodean —tampoco desentona la majestuosidad del faro construido en 1909— contribuye al encantamiento mediterráneo. Aunque para guinda, las puestas de sol que se contemplan desde una de las cuevas de la isla. Lo dicho, homérico.

ACTIVIDADES

La costa oeste de la isla, de aguas tranquilas y transparentes, es de fácil acceso y brinda la oportunidad a los amantes de los deportes acuáticos de disfrutar de una jornada única de *snorkelling* para contemplar la fauna marina. También existe la posibilidad de pilotar motos acuáticas. En el interior de la isla Tagomago abundan los senderos que permiten recorrerla de arriba abajo, ya sea a pie, en *quad*, en carrito de golf o en bicicleta.

BARCELÓ FORMENTOR

Suite 322: la habitación de Grace Kelly y Rainiero de Mónaco

BARCELÓ FORMENTOR 36
Playa de Formentor, 3
07470, Port de Pollença
(Mallorca)
+ 34 971 899 100
formentor.jrec@barcelo.com
www.barceloformentor.com

HABITACIONES Y TARIFAS
La suite 322 tiene un precio desde 660 € por noche. Para evocar el aura de lujo, exclusividad y *glamour* que rodeó la estancia de Grace Kelly en el Barceló Formentor, desde marzo de 2010 el hotel ofrece a aquellas parejas que busquen una luna de miel especial el 'Princess Honeymoon Package'. Este paquete —desde 330 €- incluye el alojamiento en la suite Vista Mar, una cena a base de langosta y un desayuno especial con cava, además de vino espumoso y tarta de boda a su llegada a la suite. Los novios también reciben un regalo sorpresa a su llegada y un fotógrafo les realiza una sesión de fotos en la estancia. Otros agasajos del hotel hacia los novios es el obsequio de una sesión de masaje y la comodidad del *check-in* privado.

A lo largo de sus 80 años de historia, en el icónico hotel Barceló Formentor 5*, situado en uno de los rincones más bellos de la isla de Mallorca, se han hospedado personajes ilustres de todos los ámbitos imaginables: desde los Premios Nobel de Literatura como los escritores Vargas Llosa y Camilo José Cela, líderes mundiales de la talla de Winston Churchill —en el hotel aún se conserva la mítica mesa de billar donde jugaba en sus ratos libres, siempre acompañado de un puro y una copa de licor-, Gorbachov o el Dalai Lama, así como estrellas de Hollywood como Audrey Hepburn o Gary Cooper.

No obstante, ningún personaje ha dejado una huella tan profunda e imperecedera en el hotel como Grace Kelly, 'el cisne de Mónaco', tras alojarse en la suite 322 durante su luna de miel con su ya marido, el príncipe Rainiero de Mónaco. Y es que la musa de Alfred Hitchcock, todo un mito en vida que aunaba *glamour* y una serena presencia principesca, recaló en el hotel el 23 de abril de 1956, cuatro días después de casarse con el heredero monegasco para iniciar una vida de película que ni el más avispado de los guionistas de Hollywood podría haber imaginado nunca.

La elección de la real pareja no pudo ser más acertada como hoy pueden comprobar los huéspedes de la espectacular suite 322, en su mayoría, mitómanos y parejas de recién casados —el singular 'Princess Honeymoon Package' que el hotel ofrece desde el 2010 a las parejas justifica el dato- deseosos de compartir la misma experiencia hotelera que vivió una de las parejas recurrentes del papel couché: con unas maravillosas vistas a la bahía de Pollença desde sus amplios ventanales —de ahí el nombre de la habitación, Vista Mar-, la suite dispone de todas las comodidades para dos personas, entre las que destaca su espectacular terraza privada.

El hotel se encuentra a 70 km del centro de Palma de Mallorca. Desde el aeropuerto, dirigirse dirección Palma por la MA-19. Seguir en dirección Andraitx/Port d'Alcúdia/Via de cintura. Tomar la MA-20 en dirección Port d' Alcúdia y seguir por la MA-13 durante 40 km. Tomar la salida de Pollença y seguir por la carretea MA 2200. Dejar la población a la izquierda y, sin entrar en ella, continuar hasta Port de Pollença y Formentor.

En la habitación no faltan, por supuesto, detalles y predilecciones de Grace Kelly que recuerdan su paso por ella: un ramo de calas -las flores preferidas de la princesa-, una botella de cava *rosé pinot noir* y *mignardises* para saborear a la par que las vistas de la bahía…

Lo cierto es que hospedarse en la suite de Grace Kelly es todo un homenaje a la princesa que, con su dulzura dejó una impronta indeleble en la isla, en el hotel y en todos aquellos mallorquines que coincidieron con ella durante su estancia. De eso aún se encargan de recordarlo las galletas *Quely*, una de las variedades más famosas de la isla que un empresario local, dueño de una fábrica de galletas, creó en honor de la bella princesa tras conocerla y que hoy siguen siendo las más vendidas de Mallorca.

CAP ROCAT

Alójese en una antigua fortaleza

CAP ROCAT ❸❼
Ctra. d'Enderrocat, s/n. Cala
Blava (Mallorca)
+34 971 747 878
info@caprocat.com
www.caprocat.com

HABITACIONES Y TARIFAS
El precio de las habitaciones
es de entre 250 y 500 €
la noche. En el caso de
las suites, el precio por
noche oscila entre 300 y
800 €. El precio de la Suite
El Cabo es de entre 850 y
1.100 €. En todos los casos
con desayuno incluido.

CÓMO LLEGAR
Situado a 11 km del
aeropuerto de Palma de
Mallorca y a diez minutos de
la ciudad, tomar la autopista
dirección Santanyi y tomar
la salida nº 13 dirección
Cala Blava. Continuar
sobre esta carretera (Carrer
d'Enderrocat) todo recto.
Al final, la carretera se
convierte en el camino
privado de Cap Rocat.

El año 1898 fue un *annus horribilis* para España. La pérdida de Cuba y Filipinas, sus últimas colonias de ultramar, sumió al país en una crisis económica, social y política, un declive del que no se zafaron los habitantes del pequeño pueblo mallorquín de Llucmajor, a pocos kilómetros de Palma.

Desde 1870, éstos habían abandonado el trabajo de sus tierras para desarrollar una floreciente industria en los talleres de calzado, con el mercado de ultramar como principal cliente. Pero con la pérdida de las colonias el negocio se fue al traste. Para paliar la precariedad económica de los vecinos de Llucmajor y posibles revueltas sociales el gobierno estatal ideó una fórmula, cuanto menos, curiosa: ocupar a los zapateros sin trabajo de Llucmajor en la construcción −entre 1898 y 1903- del fuerte militar de Cap Enderrocat, al sur de la Bahía de Palma. Lo que seguro no estaba en los planes iniciales de esta fortaleza era que, un siglo después, ese magnífico bastión encaramado sobre un impresionante acantilado sobre el mar, acabaría por convertirse en uno de los hoteles más singulares del Mediterráneo gracias a su extraordinaria belleza arquitectónica. Porque eso es Cap Rocat, un alojamiento único situado en una finca privada de 36 hectáreas que sorprende a los viajeros más avezados.

Abierto al público como establecimiento hotelero en junio de 2010, Cap Rocat cuenta con 24 habitaciones. Dos de estas −dobles- son las únicas que están situadas en el recinto de la fortaleza, ya que el resto de las suites ocupan el espacio de las antiguas troneras de los cañones al borde del acantilado. Para el huésped no deja de ser curioso una vez se instala en ellas imaginar que en ese mismo espacio hace un siglo se guardaba la munición de los cañones del fortín, armas de fuego que se manipulaban −como puede contemplarse en cada una de las terrazas superiores de las habitaciones- mediante un engranaje que se ha mantenido intacto. Cada una de las suites cuenta con una terraza y un patio privados –una sugerencia: desayunar o cenar aquí a la luz de las velas– desde cuyos gacebos se puede divisar el infinito Mediterráneo al fondo. La joya de la corona de Cap Rocat es la Suite el Cabo, donde además de todas las comodidades propias de las suites sus huéspedes disfrutan en exclusiva de un amplio salón independiente y de una piscina privada. Aunque son muchos los alicientes de alojarse en Cap Rocat –la serenidad del paraje, entre el mar y el cielo mediterráneos, así como un lujo templado por la sencillez–, uno de los más sublimes es disfrutar de la quietud que destila su emplazamiento natural, una zona declarada Área Natural de Especial Interés ecológico en 1991 y rica en fauna y flora autóctona. Mimetizada con su entorno, vagabundear por los alrededores de la fortaleza, en primavera o verano, entre acebuches, garriga, almendros y pastizales, es un placer que no pueden dejar de disfrutar los amantes de las caminatas.

No faltan otras opciones de disfrutar de la tranquilidad que ofrece Cap Rocat. Las antiguas dependencias del fuerte han sido transformadas en relajadas zonas de descanso con diferentes ambientes y salones privados. Rincones impagables son los patios, el mejor lugar para disfrutar del ocaso mediterráneo, o El Búnker, el antiguo depósito de pólvora excavado en la roca, la mejor coordenada para tomar la primera copa de la noche.

Por supuesto, no sólo para los huéspedes más aventureros, es más que recomendable para ser consciente de lo insólito del hotel recorrer los rincones de la antigua fortaleza: su profundo foso, las caponeras y caminos disimulados que formaban parte de sus defensas. Un periplo que, sin duda, permitirá imaginar el trasiego militar de una fortaleza que nunca tuvo que encarar un ataque enemigo.

Cap Rocat cuenta con más de 2 km de costa, por lo que brinda a los huéspedes un pedazo de Mediterráneo impagable. El arenal de cala, su embarcadero y, sobre todo, el Sea Club permiten disfrutar de los turquesas imposibles. No es la única coordenada para disfrutar de un relajado día soleado o de una increíble puesta de sol en Cap Rocat: la lengua de agua salada de su piscina *infinity*, situada sobre

una de las murallas de la antigua fortaleza, se funde en un horizonte infinito con la bahía de Palma y un cielo homérico. El Sea Club, situado al borde de la Cala de la Reina, es una de las coordenadas gastronómicas de Cap Rocat, un informal bistró al aire libre -imprescindible reservar mesa con antelación- que cuenta con un horno tradicional mallorquín y una gran parrilla de leña de cuyos fuegos salen deliciosos pescados frescos a la sal, arroces o delicias como la ensalada de espárrago blanco y verde con higos, mostaza y paletilla ibérica. La otra referencia para los gourmets de Cap Rocat es El Restaurante de la Fortaleza. Ubicado en uno de los pabellones centrales y con el chef Víctor García al frente de los fogones, su carta rezuma sabor mediterráneo y productos locales de temporada, unos mimbres que alumbran platos maravillosos como el Carpaccio de gamba roja de Mallorca y olivada o el rabo de buey relleno de trufa de verano con puré de celery.

ACTIVIDADES

El hotel ofrece a sus huéspedes practicar *jogging* en los espacios de la fortaleza junto con un instructor cualificado, así como clases diarias de pilates o de cursos privados de yoga al amanecer o al atardecer, un colofón perfecto para conectar aún más con el entorno. Los gourmets disfrutarán de lo lindo en la Cocina de la Fortaleza, donde se celebran distintos cursos de cocina con la gastronomía mediterránea como referente.

CONSOLACIÓN

Cubos con vistas

CONSOLACIÓN ㊳
Carretera Nacional
232, km 96
44652 Monroyo,
Matarraña (Teruel)
+ 34 978 856 755
info@consolacion.com.es
www.consolacion.com.es

HABITACIONES Y TARIFAS
Consolación tiene 12 habitaciones (10 kubes y las dos estancias −nórdica y barroca- que ocupan la antigua vivienda del ermitaño. Los precios de las habitaciones Kubo (IVA y desayuno incluidos) varían según la ocupación y la temporalidad: los fines de semana, festivos y vacaciones los precios por el alojamiento individual, doble y triple es de 165 €, 195 € y 260 €, respectivamente (el resto del año los precios son de 140 €, 155 € y 210 €, respectivamente). Los *kubes* son totalmente independientes, excepto las dos últimas habitaciones que están unidas y pueden ser compartidas por familiares o amigos). Wi-fi, altavoz radio y conexión Ipod. Cama de 160cm. 20" TV plasma. Mini-bar. Terraza privada. Jabones y sales de hierbas aromáticas del Matarraña.

Érase una vez un ramillete de cubos mágicos encaramados entre la feraz naturaleza de la comarca del Matarraña, una tierra de frontera entre Castellón, Teruel y Tarragona. Sí, cubos (o *kubes* como los han bautizado) de 36m2, recubiertos con madera de pino y colocados sobre un acantilado para convertirse en atalayas de uno de los rincones más hermosos (¡y desconocidos, todavía!) de España. Una solución fuera de lo normal para un entorno que invita al éxtasis y a la contemplación, guante que aceptaron con gusto en su día los caballeros templarios cuando convirtieron estos parajes en su particular retiro espiritual.

No es gratuito que la ermita Consolación que da nombre al hotel y cuyos orígenes son del siglo XIV esté dónde está. Porque, no se engañe, los cubos son sólo una magnífica excusa para que el huésped se prolongue hacia el paisaje exterior, un espeso bosque de pinos.

La arquitectura de minimalismo conventual, mezcolanza de la arquitectura de Craig Ellwood y racionalismo germánico de Mies van der Rohe, ayuda a esa trascendencia. Parquedad que en absoluto resta confort de a estos habitáculos cúbicos. Compruébelo dándose un baño en su pequeña poza escavada en el suelo de pizarra negra o, sobre todo en invierno, disfrutando de la calidez de su chimenea colgante. Los cubos no son el único espacio donde alojarse en Consolación.

En la casa del ermitaño, el edificio de origen barroco adosado a la ermita −aunque ésta no es un espacio del hotel, no deje de conocer su zona consagrada- cuenta con dos habitaciones de traca: la barroca, una supernova de colores y texturas, y la nórdica, decorada con muebles daneses y lámparas Alvaar Alto. Este edificio acoge otras coordenadas ineludibles de Consolación, como es su acogedora biblioteca donde pasar las horas con un buen libro en el regazo de un Chester de piel gastada mientras el fuego crepita

Desde Tarragona y Barcelona, por la autopista AP7 tomar la salida 34 en dirección Reus-Aeropuerto. Tras una rotonda tomar la T-11 en dirección Tarragona/Reus/La Canonja para incorporarse luego a la N-420 dirección Alcañiz. A unos 2 km pasada la indicación de Valdealgorfa girar a la izquiera en N-232, dirección Castellón. Seguir hasta el km 96, donde se encuentra el hotel. Desde Zaragoza, por la A68/N232, pasar Alcañiz para seguir hasta el km 96. Desde Valencia o Castellón por la AP7/N232, tomar la salida 43 para engarzar con la N-340. Atravesando Vinaròs, tomar la salid 6 para enlazar con la N-232 hasta el km 96.

en la chimenea. Claro está, mención especial merece el restaurante del hotel.

Sus dos chefs, el argentino Gonzalo Benavides y el catalán Gonzalo Riviere, han hecho de la cocina de proximidad y de la pasión por los productos del Maestrazgo turolense –trufas de Monroyo, jamón con DO Teruel, verduras ecológicas de Calig…- una religión. Comer aquí es siempre gratificante, entre otras cosas porque la cocina es zona de paso (¿cómo perderse ese *ballet* de pucheros, ópera de olores?) camino del comedor.

El menú degustación (40 €, IVA incluido) comprende creaciones como el lomo de rape, praliné de avellanas y ajos tiernos, las manitas de cordero con tres texturas de nabo y toffee salado o, de postre, el milhojas de queso tonelito y pistachos asados.

Con esos sabores aún palpitando en el paladar, desandar el camino hacia el cubo, entre perfume de romero y tomillo y con el cielo del Matarraña tachonado de estrellas, es el más sublime de los periplos.

HOSPEDERÍA DEL MONASTERIO DE POBLET

Más que una experiencia religiosa

HOSPEDERÍA DEL MONASTERIO DE POBLET ❸❾
Monasterio de Santa
María de Poblet
43448 Poblet (Tarragona)
+ 34 977 870 089, ext. 266
hostatgeriadepoblet@
gmail.com
www.poblet.cat

HABITACIONES Y TARIFAS
Las 16 estancias de la
hospedería en clausura se
encuentran emplazadas en la
Casa del Maestro de Novicios,
primera dependencia
restaurada por el Patronato de
Poblet en 1932. Los lavabos y
las duchas son comunitarios.
La hospedería intramuros es
sólo para hombres, mientras
que la nueva hospedería
-inaugurada en junio de
2010 en el emplazamiento
de la antigua Bosseria y
Hospital de Pobres-, con 42
habitaciones, es de carácter
mixto. La estancia en la
hospedería en clausura es
de 2 noches mínimo a una
semana máximo; respecto a
las tarifas del alojamiento,
no existen como tales, ya
que el aporte económico a la
estancia se deja a la voluntad
y criterio del huésped.

Cada año, miles de turistas de todo el mundo llegan a la comarca de la Conca de Barberà, en la provincia catalana de Tarragona, con el único objetivo de acercarse, aunque sea por unas horas, a la Ruta del Cister, un recorrido apasionante donde cultura, historia y paisaje se dan la mano. Lo que no es tan conocido por la mayoría de turistas es que el colofón de la Ruta formada por el monasterio de Vallbona de les Monges y el de Santes Creus, el monasterio de Santa María de Poblet, acoge una hospedería única en su género en la que alojarse durante unos días se convierte en una auténtica experiencia. Y lo es porque vivir al ritmo de la comunidad del monasterio de Poblet, el conjunto cisterciense habitado más grande de Europa, en pleno siglo XXI no deja nunca indiferente. Panteón real de la Corona de Aragón desde finales del siglo XIV y declarado Patrimonio de la Humanidad por la UNESCO, aquí todo el mundo es bien recibido.

"Alojarse y vivir junto a la comunidad es una experiencia humano-religiosa, tanto para las personas que no son creyentes como para las que tienen su propia religión", matiza con vehemencia el padre Paco, el hermano hostelero que se encarga de la gestión de la hospedería, quien apostilla: "Hay un romanticismo que fascina, el de la vida del monje y, sobre todo, el del silencio absoluto, algo que sólo logra una hospedería en clausura como ésta". Cierto. Poder asistir a todos los oficios litúrgicos de los monjes si se desea (aviso para navegantes: si a las 05.15 h decide cantar maitines, no olvide echar en su maleta una linterna para que no tenga que salvar la oscuridad impenetrable desde la hospedería hasta la basílica a tientas como el que suscribe) deambular por los mismos lugares por los que lo hacen los monjes, adentrarse en su antaño celebérrima biblioteca…

Tampoco importa demasiado la voluntad con la que llegue a Poblet y, de estas últimas, las hay de todo

tipo: para encontrarse a uno mismo, para estudiar una oposición, para disfrutar de un retiro espiritual o, sencillamente, del silencio y la paz de estos muros. Eso sí, hay una norma básica de respeto hacia la vida monástica de la comunidad. "Es una hospedería en la clausura de un monasterio, por lo que es muy importante que los huéspedes sepan respetar el ritmo de los monjes", apostilla el padre hostelero.

La treintena de monjes que viven en Poblet lo hacen siguiendo con estricta observancia la Regla de San Benito, cumpliendo los mismos códigos que durante siglos cumplieron sus predecesores y que el recién llegado no puede olvidar. Sin ir más lejos, los comensales que gusten de acompañar las comidas de una buena conversación deben saber que, cuando coman junto a los monjes en el refectorio, deberán hacerlo en el más riguroso de los silencios, sin mediar una palabra.

Las 16 habitaciones que componen la hospedería intramuros son sobrias, con un mobiliario espartano -una cama, un armario y un escritorio- y un aseo, pero acogedoras y con un rosario de lujos impagables. Porque, ¿acaso no es un lujo disfrutar desde la ventana de la habitación de la Torre del Prior dibujándose en una magnífica puesta de sol? Una última, pero capital salvedad para alojarse aquí: la hospedería sólo acepta varones, una limitación de género que, gracias a la nueva hospedería mixta construida en el exterior del monasterio acerca tanto a hombres como a mujeres la experiencia de vivir a un paso de este monasterio legendario.

HOTEL ESTELA

Un estudio de artistas

HOTEL ESTELA **40**
Av. Port d'Aiguadolç, 8
08870 Sitges (Barcelona)
+ 34 938 114 545
www.hotelestela.com

HABITACIONES Y TARIFAS
El precio de las habitaciones
(IVA y desayuno incluidos)
varían según la temporada.
La estándar cuesta entre 157
y 194 €; la Deluxe entre 194
y 243 € y la Junior Suite, la
Artist Room y la Estelar entre
243 y 297 €. Por su parte,
el precio de la Suite Estelar
es de entre 297 y 351 €.

CÓMO LLEGAR
Se puede llegar andando al
Port d'Aiguadolç desde la
estación de tren de Sitges,
aunque es una interesante
caminata. Por carretera,
tanto la autopista A-16
como la A-7 conectan el
municipio de Sitges con
Barcelona, por el norte, o
con Tarragona, por el sur.

"En este hotel puedo pintar cuando quiera y además vivo con un lujo 5 estrellas". Así de claro es el planteamiento vital y artístico del pintor Josep Puigmartí, sin duda, el huésped —en realidad, ya es algo más después de estar alojado aquí desde 1994- más especial del Hotel Estela, ubicado en el puerto de la maravillosa población marinera de Sitges, a escasos 40 kilómetros de Barcelona. Lo de Puigmartí -amigo de artistas y personalidades de medio mundo tras décadas exponiendo en Francia, Japón y Estados Unidos- y el Estela fue un amor a primera vista, una de esas conexiones cósmicas que une a ciertas parejas cuya unión se traduce en una inspiración mutua. Para descubrirlo, dos ejemplos: el estilo histriónico y surrealista del autor fetiche del hotel late en las paredes de las dos habitaciones pintadas por él. Se trata de la 110, en la planta baja, y la 214, en la segunda planta. Alojarse en la primera, *Blue Dreams*, supone adentrarse en el estilo y la simbología surrealista de Puigmartí de la mano de un vasto predominio del color azul, cordón umbilical con el cercano Mediterráneo; la otra habitación, bautizada con un sugerente *Sunrise*, es otra buena representación del estilo personal del artista, donde unos grandiosos ojos en una pared y un delicado cuerpo femenino en la otra acompañan al huésped nada más poner un pie en la estancia. El Estela, como "Hotel de artistas" que se define, es una *rara avis* en España para aquellos huéspedes deseosos de compartir su estancia entre el palpitar de creaciones artísticas. Aquí no es difícil. Nada más traspasar las puertas de acceso al hotel el huésped convive e interactúa con esculturas, pinturas, tapices y murales. Hay hasta un gigantesco libro escrito a mano por el Premio Nobel Camilo José Cela e ilustrado por el escultor de la Sagrada Familia

Lo cierto es que la vinculación entre el arte y el hotel Estela es algo más que un mero capricho, una anécdota o una impostura. En realidad, se trata de un rasgo de su ADN, de algo consustancial a sus orígenes. Sólo hay que echar un vistazo a un lugar tan prosaico como el parking para constatarlo: en sus paredes se exponen gigantescos coches de lujo pintados con aerógrafo que conviven oníricamente con los reales. Todo empezó en 1993, un año después de su inauguración, cuando el pintor Antoni Xaus se encontraba alojado en la habitación 105 del hotel con motivo de la conmemoración del centenario del nacimiento del Modernismo, movimiento artístico que en Sitges echó profundas raíces. Como un acto de provocación, Xaus decidió convertir el blanco de las paredes y el techo de la habitación en la que estaba alojado, de motu propio y sin pedir permiso a nadie, en el lienzo de una más de sus obras. En un manifiesto que escribió y que todavía cuelga en la pared de la habitación, el artista afirmó reivindicar la falta de "pasión y alegría del arte actual". Desde entonces, la habitación 105 pasó a llamarse *Performance* y a convertirse en referente para otros artistas que llegaron después. Porque a raíz de ese inesperado *big bang* artístico la dirección del hotel decidió crear más habitaciones artísticas donde los propios autores pudieran volcar toda su fuerza inspiradora. En total, el hotel dispone de 9 habitaciones en las que artistas como Josep Maria Subirachs, el fotógrafo Joan Iriarte, el maestro del *pop art* Marc Vilallonga y los pintores Quim Hereu y Xesco Mercè también dejaron su huella creativa. De todos ellos queda su obra plasmada en las habitaciones como testimonio de su paso por el hotel, lo que no sucede con Puigmartí. Él sigue aquí, *casado* con su obra. No lo tendrá difícil para reconocer su porte bohemio cuando coincida con él en el desayuno o en el *hall* leyendo el periódico. Vestido íntegramente de blanco, Puigmartí suele ir tocado con sombrero de ala ancha y unas enormes gafas oscuras tras las que miran unos ojos maquillados con una delgada y oscura línea. Si se anima a comprar un cuadro suyo es más que recomendable que antes pase un rato charlando con este trotamundos de lo divino y de lo humano. Y, si no, siempre podrá escuchar de su boca alguna deliciosa anécdota del París bohemio de los 70.

ano
1939
HOTEL
CIRC RALUY
RALU

CIRCO MUSEO RALUY

¡Duerma y disfrute del mayor espectáculo del mundo!

CIRCO MUSEO RALUY ❹❶
Ctra. de Tortosa, Km 1 s/n
43896 Aldea (Tarragona)
+ 34 609 321 207
/ 609 326 330
info@raluy.com
www.raluy.com

HABITACIONES Y TARIFAS
El carromato (6 personas máximo) dispone de una habitación con cama doble, una pequeña sala de estar con televisión, una habitación con dos camas suplementarias y un baño completo. También dispone de calefacción y aire acondicionado, así como de minibar gratuito con café e infusiones. Alojarse en el carromato cuesta 200 € por día en la habitación doble (50 € cada cama suplementaria). El precio incluye tanto el alojamiento como la entrada al espectáculo.

CÓMO LLEGAR
Dado que el circo presenta su espectáculo de forma itinerante por el territorio español, la mejor fórmula para conocer su emplazamiento y el lugar donde poder alojarse en el carromato es consultar su web, donde se encuentran todas las localidades de su gira.

Niños y niñas, grandes y pequeños… ¡Pasen, vean y, sobre todo, alójense en uno de los circos españoles con más tradición! Esta es la singular oportunidad que, desde el año 2010, brinda el Circo Museo Raluy con su "Hotel con ruedas", el nombre con el que han bautizado un carromato de madera de principios del siglo XX donde vivir en primera persona la experiencia del universo circense. Para ser exactos, la magia del circo clásico, ése en el que los protagonistas no eran los animales sino los equilibristas, los lanzadores de cuchillos, los payasos… Para esa inmersión en la vida errante y con vocación de hacer pasar un rato divertido a la gente ningún sitio como el Raluy. Y es que, galardonado con reconocimientos tan importantes como el Premio Nacional de Circo 1996 otorgado por el Ministerio de Educación y Cultura y la Creu de Sant Jordi 2006, otorgado por la Generalitat de Catalunya, el Raluy, además de ser un circo, es también un museo, un pedazo de historia andante. Así lo demuestran todos sus carromatos y carrozas de madera de países como Rumanía, República Checa, Inglaterra y Alemania. Se trata de auténticas obras de arte de coleccionista que Luis y Carlos Raluy, los hermanos y propietarios del circo, han ido restaurando y adaptando a los nuevos tiempos pero sin perder la estética clásica, a caballo entre finales del siglo XIX y principios del XX, que identifica a su circo. Sin duda, alojarse en uno de esos carromatos permite sentirse por unas horas uno más de los casi 40 trabajadores que forman la gran familia Raluy. Una experiencia única, de ésas que no se olvidan fácilmente: los amantes y curiosos del circo pueden disfrutar del día a día de los artistas —atrévase a hacer de *diana* de Silvano, el lanzador de cuchillos; ayude a la equilibrista Steacy con su espectáculo de la escalera libre o vea como Sandro, el payaso, se pinta la cara en bambalinas…- sin renunciar a las comodidades que ofrece la *Showman caravan* de 1939 donde se alojan los huéspedes. Pasar una noche en ella es

como hacer un viaje en el tiempo a los circos de leyenda. Pero dormir en el círculo de carromatos no es el único valor añadido de esta experiencia. Los huéspedes del "Hotel con ruedas" también son protagonistas del espectáculo circense, ya sea antes —los niños, sobre todo, disfrutan de lo lindo participando en algunas de las rutinas del circo como los ensayos o la recepción del público- y durante su ejecución en la gran carpa. "Además de tener un lugar especial reservado en el palco central, a los huéspedes se les suele sacar como espontáneos a un salto de acrobacia o para participar en una parodia cómica", explica William Giribaldi, acróbata y coordinador del carromato. Eso sí, el nomadismo circense no está reñido en absoluto con el confort de una noche en el carromato: en éste, con 25m2, no faltan comodidades como el baño completo, una pequeña sala de estar con TV y cómodas camas en las que soñar, tras un día en el circo, con acrobacias inverosímiles, payasadas y olor a palomitas.

CIRC
RALUY.

LAS ORBITAL ROOMS DEL HOTEL BARCELÓ SANTS

3,2,1… ¡despegue a un viaje espacial!

HOTEL BARCELÓ SANTS ❷
Pl. dels Països Catalans, s/n
08014 Barcelona
+ 34 935 035 300
sants@barcelo.com
www.barcelosants.com

HABITACIONES Y TARIFAS
El hotel dispone de un total de 378 habitaciones. Desde 100 € de las Orbital Rooms y desde 150 € las Orbital Suites, (IVA y desayuno incluido). Si viaja con niños, las Orbital Family Rooms (2 habitaciones comunicadas) y las Orbital Family Suites (1 Orbital Suite + 1 Orbital comunicada), para un máximo de 4 personas (2 adultos y 2 niños), son una buena opción. Tanto la Orbital Room como la Orbital Suite (ésta, de 45m2, cuenta con una sala de estar y reuniones, bañera hidromasaje e inodoro inteligente con sistema agua-aire) cuentan con ducha efecto lluvia, mesa de cama y cojín ergonómico de trabajo, TV-Sat HD 42", iPod/iPhone *dock*, minibar deluxe, WiFi gratuito, caja fuerte, butaca Fjord, silla Wired (H.Bertoia) y lámpara Tab T.

CÓMO LLEGAR
La ubicación del hotel, sobre la Estación Central de Trenes de Barcelona-Sants, es una de sus grandes virtudes tanto para moverse por Barcelona como por los alrededores de la capital, ya que pueden tomar trenes regionales, de cercanías o metro. Acceso directo al tren de Alta Velocidad (AVE), Euromed, Metro, Taxis y Bus.

Abróchese los cinturones y sea bienvenido a bordo de la experiencia hotelera más marciana de Barcelona: un viaje de ciencia ficción al renovado Hotel Barceló Sants, lo más parecido en tierra y sin gravedad cero a un alojamiento en el espacio. La nueva imagen responde en buena medida a la particular ubicación del hotel, asentado sobre la efervescencia de pasajeros de la Estación de Sants: es el *hub* barcelonés por excelencia, un cruce de caminos de todas las comunicaciones imaginables –menos el avión- que conectan Barcelona con el mundo. Así, desde el hotel, se accede de forma directa a las grandes líneas ferroviarias de AVE y Euromed, a autocares internacionales, metro y bus… De este modo se entiende que habitaciones y zonas comunes de la *Estación Orbital de Sants* sean lo más parecido a un escenario de la película *2001: odisea en el espacio*, de Stanley Kubrick. Eso sí, en el corazón de Barcelona y sin HAL 9000 haciendo de las suyas. Emulando a la Estación Espacial Internacional, el hotel empezó su viaje sideral a finales de 2010, construyéndose sobre la marcha, poco a poco, como si de un mecano cósmico se tratara. Eso significa que, desde enero de 2011 ya ha habido clientes con vocación de viajeros interestelares que han podido despegar desde las habitaciones cápsula de estética cósmica. Transitar por la decoración futurista de los vestíbulos, su tenue iluminación combinada con el negro zaíno de sus techos y moqueta es como recorrer una nave espacial, sensación que acrecientan los gigantescos ventanales esféricos con fotografías retroiluminadas del espacio sideral. El tránsito convertido en un corto viaje a miles de años luz. Aunque para estelar el protagonismo de las Orbital Rooms. Todo en ellas está diseñado para transportar al huésped –con una pizquita de imaginación por su parte- a otra dimensión. Pensadas como aeronaves personalizadas para una estancia hotelera sideral, son agradables, cómodas y funcionales. Y extremadamente luminosas gracias al predomino del blanco en su decoración y a su gran ventanal sobre una de las zonas en transformación de la Ciudad Condal, mientras dos escotillas con vistas a espectaculares fotos reales del cosmos invitan a adentrarse en un viaje al meollo de la Vía Láctea. Interesante contrapunto, bucle de mundos donde cualquier émulo de Ray Bradbury podría escribir su particular *Crónicas barcinas*. Con mesa de cama y cojín ergonómico de trabajo, TV-Sat HD 42" e iPod/iPhone *dock*, entre otros equipamientos, el confort está más que asegurado. Mr. Spock, de *Star Trek*, se pediría una de éstas para sentirse como en casa.

GRAN HOTEL LA FLORIDA

El balcón de Barcelona

GRAN HOTEL LA FLORIDA ㊸
Ctra. de Vallvidrera al
Tibidabo, 83-93
08035 Barcelona
+34 932 593 000
reservations@
hotellaflorida.com
www.hotellaflorida.com

HABITACIONES Y TARIFAS
El hotel cuenta con un total de 41 habitaciones Deluxe, 9 Terrace, 12 Junior Suite y 8 suites de diseño. A destacar la Suite Japonesa, diseñada por el galardonado artista Dale Keller, con mobiliario y obras de arte niponas, en la que destaca su jardín Zen privado con terraza (76.3 m2). O la joya de la corona del hotel, la Suite Presidencial (153 m2), creada por la arquitecta Cristina Macaya. Cuenta con dos amplios dormitorios y dos baños de mármol blanco Macael, una sala de estar privada, terraza con vistas espectaculares (46 m2) y jacuzzi. Desde 220 € la habitación Deluxe y desde 525 € las suites de diseño (IVA y desayuno incluido).

Hubo un día, a principios de 1900, en el que el farmacéutico Salvador Andreu i Grau (1841-1928), el inventor de las míticas "Pastillas del Dr. Andreu" contra la tos, tuvo una visión: coronar la montaña del Tibidabo, a 500 metros de altura, con el mejor hotel de Barcelona, uno que ofreciera lo que ningún otro podría allá abajo: un pedazo de Mediterráneo a vista de águila y la fisonomía urbana de la Ciudad Condal desparramándose en todo su esplendor bajo sus pies. Hombre emprendedor y de ideas fijas, el Dr. Andreu vio hecho realidad su sueño en 1925, cuando el Gran Hotel La Florida fue inaugurado por primera vez. Ciertamente su estampa, de la que hoy sigue gozando, tiene algo de irreal, de ensoñación, flotando sobre la inmensidad de la urbe. La definición del hotel era, y sigue siendo, sencilla: unas vistas acompañadas de habitaciones. Durante más de una década fue el alojamiento favorito de la burguesía barcelonesa, que no sólo disfrutaba de su lujo y sofisticación, sino, por encima de todo (nunca mejor dicho), de la panorámica del *skyline* barcelonés más exclusiva. Esa visión idílica y los días de vino y rosas del hotel se hicieron añicos con el estallido de la Guerra Civil española, hasta el punto que, en 1939, los estragos de las bombas en el hotel —reconvertido en hospital- eran notables. A comienzos del año 1940 el hotel volvió a ofrecer a sus huéspedes las impagables vistas de la ciudad tras ser restaurado, pero no sería hasta abril de 2003, tras cuatro años de profundos trabajos de rehabilitación en el que se respetó con exquisitez la fachada clásica, que el Gran Hotel La Florida volvió a brindar su mayor tesoro a los huéspedes del siglo XXI. Chic y sofisticado, en esta nueva etapa la modernidad del diseño se ha convertido en una de las señas de identidad de este 5 estrellas Gran Lujo gestionado por el Grupo Husa desde finales del año 2010. Sin olvidar guiños al arte más contemporáneo con esculturas de los artistas británicos Ben Jakober y Yannick Vu. El diseño interior lo firman los galardonados Dale

Keller y su esposa Patricia, al que se suman maravillas como el diseño de Rebecca Horn en la Tower Suite y la Sky Terrace Suite, esta última con una terraza privada de 97 m2 asomada a Barcelona. Como no podía ser de otro modo, la gastronomía del hotel también es de altura: de la cocina de L'Orangerie, con deslumbrantes vistas sobre la ciudad, nace una sublime reinterpretación de la cocina catalana y mediterránea. Por cierto, una postal única que durante los ocasos estivales no debe perderse: la que brinda la terraza del Bar Miramar, frente a la piscina, regalando un retazo de azul mediterráneo y la estampa urbana de la vieja Barcino como horizonte.

SUITE THE BEATLES DEL HOTEL AVENIDA PALACE

'Imagine' en el Hotel Avenida Palace

HOTEL AVENIDA PALACE **44**
Gran Vía de les Corts
Catalanes, 605
08007 Barcelona
+34 933 019 600
avpalace@husa.es
www.avenidapalace.com

HABITACIONES Y TARIFAS
El precio de la Suite Beatles
varía según temporada,
pero su precio inicial es de
290 € la noche (desayuno
e IVA incluidos).

Un 3 de julio de 1965, The Beatles, la banda de música más famosa de todos los tiempos, aterrizaba en Barcelona bajo la canícula dispuesta a reeditar el éxito de su concierto, un día antes, en Madrid. La Plaza de Toros de la Monumental sería el escenario de un concierto que haría historia en la España de los 60 y que más de cuatro décadas después aún se rememora. Ésa sería la primera y la última vez que los "Cuatro Fantásticos de Liverpool" actuarían en la Ciudad Condal, actuación con la que cerraban su gira europea.

Los *melenudos*, como los etiquetó la prensa franquista, llegaron, se alojaron y dejaron parte de su huella mítica para siempre en la Ciudad Condal. Parte de ese rastro legendario pervive aún en la habitación 111 del Hotel Avenida Palace, la bautizada como Suite The Beatles. Reabierta a los huéspedes (beatlemaniacos de todo el mundo o no) desde 2010 tras una cuidada restauración, esa fue una de las tres estancias en la que aquel verano del 65 Ringo Starr, Paul McCartney, John Lennon y George Harrison descansaron durante los dos únicos días que estuvieron en Barcelona, en especial tras su actuación en el coso barcelonés. O no. Porque como cuentan las crónicas esta habitación y las otras dos que reservó el cuarteto durante su estancia —la 109 y la 110- fueron poco menos que una juerga improvisada: así lo certificaron las quejas de muchos clientes irritados e insomnes que, ajenos a la celebridad de los huéspedes, reclamaron en recepción el follón festivo que durante la noche del 3 de julio llegaba de las habitaciones 109-111. Lo cierto es que las anécdotas vinculadas a la suite y a la estancia del grupo en el hotel son abundantes y notorias. Muchas están en los libros de historia. Como las palabras que desde un balcón del primer piso dedicaron a toda la multitud que colapsaba la Gran Vía barcelonesa y la consecuente marabunta que ocasionaron, hasta el punto que tuvieron que ser sacados del hotel por la cocina.

La habitación no sólo es un homenaje a la banda, sino un pequeño espacio de culto al grupo a través de curiosidades, una pizca de nostalgia y pasión por la música de los de Liverpool. Esas sensaciones no obedecen sólo a la estética de la habitación (la cadena Husa, gestora del hotel, analizó si era conveniente recrear la decoración de la época debido a lo poco funcional del resultado, por lo que finalmente optó por un interiorismo más moderno sin renunciar a la moqueta o la sobriedad del mobiliario), sino más a una sensación de tiempo detenido, un pedazo de historia condensado en 25 m². A ello contribuye la retahíla de guiños y recuerdos vinculados a la célebre banda diseminados por la habitación.

Los huéspedes más curiosos seguro que pasan un buen rato en la sala de la suite repasando con la mirada los titulares de prensa de los periódicos de la época y la recopilación de fotos pertenecientes al valioso archivo documental del hotel. O tal vez, soñando en blanco y negro aprovechando que sobre la cama, como cabecera, se alinean una quincena de fotos del paso del grupo por la ciudad, luciendo tricornios de la Guardia Civil incluso.

O, sencillamente, imaginando a Sir Paul McCartney acariciando la réplica de su bajo que descansa en la pared.

Ese es el gran reclamo de esta suite: imaginar, imaginar como hicieron The Beatles.

CABANES ALS ARBRES

Dormir en lo alto de un árbol

CABANES ALS ARBRES 45
Carretera de Vallclara S/N
17403 Sant Hilari Sacalm
+ 34 625 411 409
info@cabanesalsarbres.com
www.cabanesalsarbres.com

HABITACIONES Y TARIFAS

El precio por noche (IVA y desayuno incluidos) de las cabañas para dos personas varía según las fechas. Los fines de semana, días festivos y vigilias, Semana Santa y los meses de junio a septiembre el precio es de 117 €; de domingo a jueves, durante los meses de abril, mayo y octubre, la tarifa es de 107 €; de domingo a jueves durante los meses de noviembre a marzo el precio es de 97 €. El suplemento por pasar una sola noche es de 18 €, mientras que el de una persona adicional en la cabaña (máx. 4, adulto o niño a partir de 10 años) es de entre 25 y 32 € según la temporada.

CÓMO LLEGAR

Desde cualquiera de las rutas que parten de Barcelona, dirección Vic, se puede enlazar con el Eix Transversal C25 dirección Girona. En la salida 202 empieza el tramo de la carretera Plà de les Arenes en dirección a Sant Hilari Sacalm. Antes de llegar a este municipio aparece un cruce en dirección a Sant Sandurní d'Osomort. A 3 km a la derecha empieza la carretera de Vallclara (pista) que conduce directamente a Cabanes als Arbres.

En el corazón de la sierra del Montseny, a 84 kilómetros de Barcelona, es posible disfrutar de una agradable y liberadora sensación de aventura y, por qué no decirlo, de un sugerente reencuentro con uno de los sueños infantiles más recurrentes: vivir en una cabaña en la copa de un imponente árbol, al más puro estilo de un elfo de los bosques o de las aventuras de Tom Sawyer y Huckelberry Finn. Este torrente de sensaciones es lo que destilan las *Cabanes als arbres*, cabañas de madera suspendidas en el aire a 10 metros del suelo —abstenerse los clientes con vértigo- y sujetas a los troncos de robustos abetos de la subespecie *douglas*. Los artífices de esta peculiar y pionera fórmula de alojamiento en España son la holandesa Karin van Veen y el francés Manu Grymonpré. Impulsores de parques de aventura diseñados en plena naturaleza, tienen clara cuál es la filosofía en este rincón salvaje de Cataluña: "Nuestro objetivo es poder ofrecer el goce de una noche en contacto directo con el árbol y su ecosistema, y, de paso, ayudar con nuestro granito de arena a sensibilizar a las personas de la importancia que tiene el respeto al medio ambiente", argumentan.

Inauguradas las dos primeras cabañas en julio de 2009, actualmente cuentan con 10 cabañas, 6 casas para 2 personas y 4 cabañas con una capacidad para hasta 4 personas. Una vez realizado el *check-in* -a partir de las 16:00 h; el *check-out* hasta las 13:00 h-, la sensación de vivir una aventura con sabor infantil no tiene precio. Y es que, a diferencia de otras propuestas similares, la particularidad de estas casas arbóreas del Montseny es que no disponen de un pie de apoyo terrestre. Dicho de otro modo, son casas aéreas sujetadas con cables al árbol tanto por arriba como por abajo para dividir la carga.

El acceso a cada una de ellas se hace a través de un puente colgante que enlaza el suelo con una escalera que, a su vez, permite llegar hasta la trampilla de entrada. Todas las

 HOTELES INSÓLITOS ESPAÑA Y PORTUGAL

cabañas están construidas con madera -incluso los pomos de las ventanas- alrededor del tronco y disponen de una superficie de 30 m2 con una terraza de 10 m2. En el interior, además del tronco que atraviesa verticalmente la estancia, se integran perfectamente una cama doble, un sofá, una mesa con sillas, un espacio para el aseo con jarras de agua y un WC seco.

Eso sí, vivir como un Robinson Crusoe del siglo XXI conlleva sus retos: en las cabañas no hay ni luz (Karin o Manu se encargan de facilitar velas y linternas) ni agua corriente, una vuelta a los orígenes que a más de un urbanita puede descolocar. No obstante, el confort rústico está asegurado: a escasos 500 metros de las cabañas, donde se encuentra la masía La Vileta (en cuyas habitaciones también es posible alojarse a un precio de entre 57 y 67 €, según temporada), el centro neurálgico donde se agrupan los servicios logísticos como las duchas, los servicios, una increíble piscina y el comedor donde disfrutar de cenas románticas.

Ser testigos del ocaso desde lo alto de un mar de ramas, con los sonidos del bosque como banda sonora, asegura una paz interior difícil de igualar, sobre todo a sabiendas de que la civilización más cercana está a muchos kilómetros de distancia.

Y si impactante es el anochecer en la copa de un árbol, disfrutar del amanecer no lo es menos, sobre todo cuando desde los ventanales se contempla la silueta de cerros cercanos como Les Agudes del Montseny, de 1.700 metros.

La sensación entonces no es muy diferente a estar contemplando unos hiperrealistas lienzos con motivos naturales desde la cama.

Y para arrancar el día otra sorpresa: si quiere disfrutar del desayuno recién hecho y colocado en una cesta de mimbre tendrá que subirlo a lo alto de la cabaña con la ayuda de una polea instalada en la terraza. Lo dicho, una fantasía de niños hecha realidad para adultos.

LES COLS PAVELLONS

Un poema arquitectónico, una experiencia zen

LES COLS PAVELLONS 46
Av. Mas Les Cols, 2
17800 Olot (Girona)
+ 34 699 813 817
lescols@lescolspavellons.com
www.lescolspavellons.com

HABITACIONES Y TARIFAS
Existen 5 pabellones cuyo
precio para dos personas es
de 275 € (IVA no incluido).
Sí está incluido el desayuno
(servido en el pabellón
se basa en productos
autóctonos, además de café
o té: mermeladas caseras
sobre pan de coca, yogures
de La Fageda, longaniza de
Can Papot, queso de Mas
Farró…) y el picnic de la
mañana siguiente. Parking
privado. Los pabellones
están disponibles a partir
de las 15.00 h. Si desea
complementar la estancia
con una comida en el
restaurante Les Cols (Tel.
972 269 209, www.lescols.
com), debe llamar al teléfono
972 269 209 o escribir a
lescols@lescols.com

CÓMO LLEGAR
Les Cols Pavellons están en
la ciudad de Olot, provincia
de Girona. Desde Barcelona,
siguiendo la AP-7 dirección
Girona, tome la 8 (Besalú-
Olot) y la C-66 que lleva
a Olot. Coja la salida Olot
Norte para, en la rotonda,
tomar la tercera salida. Otra
opción es, por el túnel de
Bracons, conducir por la
C-17 hasta Vic para luego
tomar la C-37 hasta Olot;
tras cruzar la ciudad, diríjase
a la Carretera de la Canya.
Desde el centro de España,
vía Zaragoza y Lleida, el
recorrido pasa por Artesa
de Segre (C-1313), Solsona
(L-301), Berga (C-149) y
Ripoll hasta llegar a Olot.

Misterio, paz, cielo, sobriedad, silencio… pero también irrealidad, ingravidez, tierra y, por encima de todo, el vacío como punto de partida para un viaje interior. Así es Les Cols Pavellons, una *rara avis* que trasciende el concepto de hotel para convertirse en una experiencia casi ontológica. Situados junto a la masía del siglo XII que acoge el futurista restaurante Les Cols (dos estrellas Michelin) de la cocinera Fina Puigdevall, los cinco pabellones -premio FAD-06-, están modelados en vidrio y acero, una mezcolanza de materiales que brindan al huésped una experiencia sensorial, iniciática, zen. Alojarse aquí dinamita un buen puñado de los esquemas hoteleros tradicionales con los que muchos huéspedes llegan aquí (por eso no es extraño que, tras una estancia aquí, éste sea un alojamiento que se ama con desmesura o se odia al mismo nivel). Un ejemplo: nada más adentrarse en la textura acristalada del pabellón, ante la aridez de mobiliario (no hay sillas y el armario, donde se encuentra el albornoz, los jabones y el minibar, está mimetizado en la estructura), la pregunta suele ser: ¿dónde está la cama? Respuesta: no hay, o al menos no hasta la noche, cuando la tarima geométrica laminada que preside la estancia es metamorfoseada en lecho por el equipo del hotel. Dicho de otro modo, la estancia aquí exige una reeducación en el uso de los espacios. Otra sorpresa: el baño y el lavabo no son lo que se dice clásicos. En la pila no hay grifo, sólo una palangana rectangular de acero que, al intuir la proximidad del huésped, fluye como la corriente suave de un río; al lado, una ducha con un suelo de guijarros y una poza-bañera siempre llena y a punto para un baño… Conclusión: en los pabellones el soberano es el vacío. "Es una forma de pasar la noche en comunión con el exterior, con el cielo, pero también con la tierra cercana, una experiencia asimilable a la que brinda dormir al aire libre, pero filtrada por la lente cultural de la arquitectura, lo que obliga a asumir algo extraño y emocionante que para nuestros

antepasados era muy normal", explica Judit Planella, la propietaria de Les Cols Pavellons y pieza clave en la liturgia previa a la entrada al pabellón. Se trata de una bienvenida con tintes iniciáticos en la que Judith recibe al huésped en la *no-recepción*, una sala oscura con tierra volcánica crujiendo bajo los pies y donde unas velas iluminan un par de coles, vegetal totémico del hotel que como en un rito arcano presiden el preámbulo. "Es una transición entre el exterior y el interior, dejar atrás lo material para poder percibir las sensaciones y experiencias que le ofrecemos", ilustra Judith, convertida en un particular oráculo. Ya envueltos por la luminosidad del cielo abierto, un cañaveral futurista de acero lacado en verde guía los pasos de los huéspedes hacia las estancias. La intimidad de estas *cuevas de cristal* —de entre 20 y 30m2- está asegurada por lamas de vidrio verdoso que dejan entrever los patios (su pavimento de mortero modelado emula las ondulaciones de la lava y el alma volcánica de La Garrotxa) con los que cuenta cada estancia. La parcelación de los pabellones evoca la estructura lineal de un huerto tradicional, un legado autóctono que, con una sinalefa invisible, se fusiona con la cultura japonesa latente. Zen olotí. En el pabellón no hay televisión, por lo que la conversación o el diálogo interior se antojan obligados. Aunque el silencio en este espacio tiene sus regalos, sobre todo durante la noche: escuchar el relajante susurro del agua rebosando la poza o adentrarse en el sueño de la mano del tintineo estelar que se descubre al descorrer el techo que hay sobre la cama…

ACTIVIDADES

Nada como zambullirse en el paisaje volcánico de la comarca de La Garrotxa. Adentrarse en la magia del bosque de hayas de La Fageda d'en Jordà —enraizado sobre la colada de lava del volcán Croscat-, pasear por el casco antiguo de Sant Pau, conocer el hermoso valle de La Vall d'en Bas o disfrutar de la ascensión del Volcán Montsacopa y de las panorámicas que regala su cima son algunas opciones.

IGLÚ-HOTEL GRANDVALIRA

Para dormir como un esquimal

IGLÚ-HOTEL GRANDVALIRA 🔴47
Coma III – Edificio Xiruxuca
Grandvalira – Grau Roig
+376 891 800
reserves@grandvalira.com
www.grandvalira.com

HABITACIONES Y TARIFAS
Desde 310 € por noche
Abierto desde el 25 de
noviembre hasta mediados de
abril, siempre dependiendo
de las condiciones
meteorológicas y del
cierre de temporada.
5 iglús-dormitorios
de 20m2 cada uno
4 habitaciones Estándar
o Romàntic
1 suite Romàntic

CÓMO LLEGAR
Para llegar a Andorra en
coche desde España hay dos
opciones: la carretera C-145
desde Lleida y la carretera
C-16 desde el Túnel del
Cadí o Puigcerdà. La Seu
d'Urgell queda a 30 km del
primer acceso al dominio,
Encamp. También se puede
viajar en AVE desde Madrid
o Barcelona destino Lleida, y
desde allí, tomar los autocares
de la empresa Montmantell
y Alsina-Graells que enlazan
diariamente con Andorra.

Situado a 2.350 metros de altitud, en la Coma III de Grandvalira, el dominio esquiable más grande de los Pirineos, y ante las impresionantes vistas del circo de Grau Roig, el Iglú-Hotel no deja nunca indiferente. Así, mientras fuera del iglú la ventisca ulula y las temperaturas pueden ser extremas, en su interior, la propia temperatura corporal de los huéspedes puede mantener el espacio en unos nada desdeñables 5°C. Los iglús-dormitorios, iluminados con velas y que cada año cuentan con un diseño diferente, cuentan con camas equipadas con materiales especiales, pieles de oveja y sacos de plumas —cada huésped recibe un saco de dormir de algodón de regalo que en el caso de los iglús románticos se convierte en un saco doble- que aguantan hasta -40°C.

No olvidar tampoco el bañador: el Iglú-Hotel Grandvalira ofrece a los huéspedes dos originales iglús con jacuzzi (uno de ellos privado para los huéspedes de la Romàntic Suite) que tienen el techo abierto al exterior, lo que permite matar dos pájaros de un tiro: observar las estrellas mientras se disfruta de un hidromasaje a 36°C.

Construido cada diciembre tras más de 2.700 horas de trabajo, este singular hotel tiene un ADN efímero, de tal manera que, con la llegada de la primavera, se derrite como un cubito de hielo en refresco; eso sí, hasta el próximo invierno.

THE YEATMAN

Un monumento al vino

THE YEATMAN 48
Rua do Choupelo
4400-088 Vila Nova
de Gaia (Oporto)
+ 351 22 013 3100
reservations@
theyeatman.com
www.theyeatman.com

HABITACIONES Y TARIFAS
12 suites y 70 habitaciones,
desde 215 € (desayuno no
incluido). El precio de la
suite principal (126 m2) con
cama giratoria es de 750 €.

CÓMO LLEGAR
En coche, desde el sur
(Coimbra/Lisboa/Algarve),
tomar la A29 o la A1 y
seguir en dirección Oporto/
Ponte Arrábida. Tomar la
salida Gaia/Afurada, girar
a la derecha en dirección a
Afurada y seguir en dirección
"Cais de Gaia". Cuando se
encuentre frente al río gire
a la derecha y en la rotonda
tome la segunda salida. Tras
unos metros encontrará la
indicación "Caves de Vinho
do Porto"; continúe recto y
encontrará el hotel. Si llega
desde el norte (Oporto,
aeropuerto, Viana do Castelo/
España), tome la A28 o la A3
en dirección Lisboa/Ponte
Arrábida. Tras el puente de
Arrábida tome la primera
salida hacia Gaia/Afurada
para seguir las mismas
indicaciones dadas para el
recorrido del sur. La estación
de tren Devesas se encuentra
a 5 minutos del hotel.

Inaugurado a finales de 2010, a un paso del centro histórico de Oporto, el hotel The Yeatman es un homenaje al universo del vino en Portugal. En sus suites los cabeceros de las camas tienen forma de tinaja, sin embargo es la suite principal la que atrae a los clientes más exigentes. Separada del resto del edificio y con acceso desde el jardín, la suite tiene un lecho giratorio que permite mirar el crepitar del fuego en la chimenea, el baño o, sobre todo, las espectaculares vistas sobre el Duero y la ciudad de Oporto.

El hotel, propiedad del grupo The Fladgate Partnership, comerciantes de los excelentes oportos Taylor's, Croft y Fonseca, cuenta además con un Spa Caudalie basado en la vinoterapia: tratamientos con ingredientes naturales procedentes de la vid.

PALACIO HOTEL DE BUSSACO

Sacado de un cuento de hadas

PALACIO HOTEL DE BUSSACO 🔵
Mata do Bussaco
3050-261 Luso (Portugal)
+351 231 937 970
bussaco@almeidahotels.com

HOTÉIS ALEXANDRE DE ALMEIDA
Av. Álvaro Pais, 11 - 9º
1600-007 LISBOA
+351 217 991 930
www.almeidahotels.com

HABITACIONES Y TARIFAS
Las tarifas por noche
van desde los 80 € de
la habitación clásica
(doble) hasta los 875
€ de la suite real.

CÓMO LLEGAR
Tomar la salida 14 de la A1
en dirección Mealhada, entre
Oporto y Lisboa. El hotel se
encuentra a sólo 15 km, en
medio de la masa forestal
de Bussaco. El trayecto es
de una hora desde Oporto
y de dos desde Lisboa.

En el norte de Coimbra, en medio del bosque nacional de Bussaco, se eleva como un espejismo onírico el Palacio Hotel de Bussaco. Construido en 1885 para los últimos reyes portugueses, se trata de una verdadera *fantasia* romántica, un capricho que emuló al de su primo bávaro Ludwig en Neuschwanstein. Fastuoso, encantador, como sacado de un cuento de hadas, no es extraño que este bello castillo transformado en alojamiento de cinco estrellas esté considerado como uno de los hoteles con más historia del mundo. Un encantamiento que bien podría atribuirse al mago Merlín y al que contribuye decididamente el entorno natural en el que se encuentra engastado, un misterioso jardín botánico salpicado de árboles gigantes, capillas, monasterios, lagos, miradores y fuentes de agua cristalina. En realidad, su historia es más prosaica aunque no por ello menos interesante. Todo empezó en 1628, cuando Dom João Melo, obispo-conde de Coimbra, envió a la zona a un pequeño grupo de Carmelitas Descalzos deseosos de fundar en la espesa floresta un lugar donde alejarse del mundanal ruido y construir un convento en el que dedicarse a la oración, la contemplación y la plantación de árboles. Porque si los carmelitas tenían una pasión ésa era sembrar su espacio de retiro de árboles y más árboles, algunos tan increíbles como un venerable cedro de 30 metros de altura que aún contempla el pasar del tiempo desde 1644. En total, 250 hectáreas de flora mística protegida por una bula papal —la pena de excomunión caería sobre aquel que se atreviera a cortar un árbol- desde que, en 1643, la emitiera el papa Urbano VIII. El hotel, de estilo neomanuelino, inició su andadura en 1917 cuando el propietario, Alexandre de Almeida, rehabilitó el abandonado palacio y lo convirtió en un alojamiento de lujo. En esa metamorfosis no olvidó conservar elementos originales pertenecientes a la familia real -pinturas, frescos, azulejos y mobiliario-, lo que hoy permite a los huéspedes revivir durante su estancia cómo

debió vivir la realeza. Sin duda, las obras de arte que pueblan el hotel son uno de los reclamos que atraen a historiadores y amantes del arte hasta aquí. No es para menos. En las paredes del hotel se pueden admirar valiosas obras que representan parte de la historia de Portugal, como la batalla de Bussaco, donde Wellington derrotó a Napoleón en 1810, y pasajes de las *Lusíadas*, poema épico escrito por uno de los mejores escritores lusos del siglo XIX, Luis de Camões. La elegancia que se respira en todas las estancias del hotel – cómo no quedar embobados ante los paneles de azulejos, las filigranas de los techos y sus arcadas- y en los alrededores encuentra su expresión más sublime en las habitaciones. El Palacio de Bussaco dispone de 64 estancias palaciegas entre las que figuran cuatro enormes y bellas suites. Todas están ambientadas con decoración del siglo XVIII, aunque alguna incorpora destellos de *art noveau*. Destaca por encima de todas la suntuosa suite real, una enorme estancia que recrea los aposentos de la monarquía del siglo XIX. El palacio cuenta, además, con dos atractivos de lujo para los gourmets: el primero, el salón tapizado del restaurante, escenario de antiguos banquetes reales; el segundo, una bodega propia que produce reputados caldos y que agiganta la más que merecida fama de los vinos de Bussaco.

LA SUITE VIAJERA DE CASAS DO CÔRO

Una suite con ADN viajero

CASAS DO CÔRO 🔟
Largo do Coro, 6430-081
Beiras (Marialva)
+351 917 552 020
info@casasdocoro.pt
www.casasdocoro.com.pt

HABITACIONES Y TARIFAS
La Suite Viajera de Rusticae (www.rusticae.es) está disponible en Casas do Côro desde julio de 2011 con un precio de 190 € (IVA no incluido) la noche, desayuno incluido. Además de la suite Ecosostenible y Viajera, Casas do Côro cuenta con 21 habitaciones desde 115 € (IVA no incluido) la noche, desayuno incluido, lo que no es baladí: aquí el día empieza con pan de leña casero, mermeladas caseras, zumos naturales, tarta de manzana recién hecha…

CÓMO LLEGAR
Tomando la A1 hasta Albergaria salir en dirección Viseu/Vilar Formoso (A25), salir en la salida 28A para tomar la IP2/E102 en dirección Trancoso/Bragança hasta la salida que indica N324 Marialva. En la entrada de esta población seguir las indicaciones de Casas do Côro. Desde España la vía más rápida es desde Salamanca, tomar la A-62 hasta Fuentes de Oñoro para, ya en Portugal, tomar la A25 en dirección Aveiro/Viseu; salir en la salida 28A para tomar la IP2/E102 dirección Trancoso/Bragança hasta la salida que indica N324 Marialva.

Desde que fuera presentada en FITUR 2011 y cautivara la curiosidad de Su Majestad la Reina Sofía, esta habitación ha viajado por la Península Ibérica. Tras su estreno en la feria del turismo de Madrid, esta suite de 36m^2 puso rumbo al Hotel Molino de Alcuneza (Guadalajara) donde recaló durante casi cinco meses para disfrute de los primeros huéspedes que tuvieron la oportunidad de probar este innovador alojamiento. Pero como esta suite tiene el gusanillo del nomadismo en sus venas decidió seguir viendo mundo tras haber disfrutado de las vistas del valle del Alto Henares y el perfil medieval de Sigüenza. Puso rumbo entonces, esta vez con voluntad de echar raíces en tierra portuguesa, hacia Casas do Côro, a un paso de Marialva. Rodeada de olivos y almendros, no es un mal sitio para una dosis de sedentarismo. Casas do Côro es un conjunto de diez edificios tradicionales rodeados por una muralla centenaria en una de las aldeas históricas más importantes de Portugal. Y ahí sigue por ahora, para que todo aquel que quiera alojarse en ella y disfrutar de esta joya del diseño, del confort y, sobre todo, del compromiso medioambiental. Y es que, además de ser una de las propuestas hoteleras más innovadoras de los últimos tiempos, resultado del empuje de Carlota Mateos e Isabel Llorens -el tándem que insufla carácter y alma a Rusticae, especialista en hotelería *boutique*-, es también un proyecto pionero de compromiso con el medioambiente. ¿Primera particularidad de esta habitación errante? Su movilidad, la convierte en una fórmula hotelera pionera, ya al poder ser reubicada en otro espacio del hotel en el que se halla o recalar en otro. Segunda seña de identidad: es ecosostenible gracias a su fórmula arquitectónica, lo que permite gastar menos energía —un 72% menos frente a una edificación convencional-, hasta el punto de que la menor demanda energética y el uso de energías renovables suponen una reducción del 65% de emisiones de CO_2 durante la vida útil de esta suite, lo que equivale al CO_2 absorbido por

un bosque de 1,40 ha. Uno de los alicientes de alojarse en esta suite portátil es la decoración ideada por Tomás Alía. Merece especial atención la plataforma corrida en nogal natural y esquinas redondeadas que integra el sofá y la cama en una sola pieza. También la butaca de bolas diseñada por Alía y elaborada por Mariana Artesana con fibras naturales de rattan. Una curiosidad más: los textiles que se utilizan para el sofá son 100% reciclados y 100% reciclables como redes de pescadores. El baño se divide en dos espacios separados por una mampara de vidrio mate. En la primera parte, una fabulosa bañera junto a un ventanal panorámico sobre el que cuelga un jardín vertical y, enfrente, un lavabo-escultura de Álape. Una última sorpresa en la suite que debe descubrir sin prisas: se trata del "Armario de las Experiencias", una suerte de chistera de mago pensada para ofrecer al huésped todo lo necesario para un momento especial para "la Hora del Té", "la Hora del Baño", "la Hora del Paseo" o "la Hora de la Lectura", a saber, una selección de novelas cortas, un set de sales, jabones y aceites esenciales para el baño, prismáticos, bastones y linterna para dar un paseo, un completo set de té...

HOTEL DA ESTRELA

De vuelta al colegio

Hotel Da Estrela 🔢
Rua Saraiva de Carvalho nº 35
1250-242 Lisboa
+351 211 900 100
info@hoteldaestrela.com
www.hoteldaestrela.com

Habitaciones y Tarifas
La última apuesta del grupo hotelero Lágrimas Hotels tiene 13 habitaciones y 6 suites, dos de las cuales disponen de camas Hästens, consideradas las mejores del mundo. Desde 99 € a 169 € la noche para la habitación doble y la suite, respectivamente.

Hay pocos escenarios de la memoria más sugerentes y familiares como el de la escuela de nuestra infancia. Un pozo de recuerdos imperecederos en forma de sonidos, olores e imágenes mentales.

Así que si es uno de esos apasionados de los hoteles que escarban en las emociones y convierten su estancia en ellos en un viaje, no lo dude, su destino es este hotel confortable e intimista engastado en el corazón de Lisboa. Y es que el Hotel da Estela, inaugurado a finales de 2010 y miembro de Small Luxury Hotels of the World, desata un torbellino de sensaciones nada más pisar su vestíbulo, lo más parecido a una clase: la bienvenida, la previsión del tiempo para ese día y la fecha están escritas con tiza en sendas pizarras donde no faltan ecuaciones, garabatos y dibujos, todo ello junto a escritorios antiguos de escuelas lisboetas. Esta es la primera parada en esta regresión en forma de hotel al tiempo en el que aprender era una aventura. No será la última.

Lo cierto es que no es casualidad que el hotel que ocupa el antiguo palacio de los Condes de Paraty, destile nostalgia colegial por todos sus poros. Era de esperar, primero, teniendo en cuenta su emplazamiento, situado como está al lado de dos de las escuelas más emblemáticas de Lisboa, a saber, el Liceo Pedro Nunes y la antigua Escuela Machado de Castro, la actual Escola de Hotelaria e Turismo de Lisboa.

Para ahondar más en el espíritu

educativo del hotel, algunos de los alumnos de esta última escuela forman parte del *staff* del hotel, que de ese modo enriquecen su formación e insuflan vida a este hotel-escuela. Los cuartos y suites del hotel, con fantásticas vistas sobre Lisboa y el río Tajo, son espaciosos y confortables, con una atmósfera refrescante y desenfadada que debe mucho a su diseño interior. El artífice de éste ha sido Miguel Câncio Martins, capaz de combinar la iconografía *vintage* de las *old schools* con el diseño contemporáneo. Câncio está especialmente orgulloso de la suite 18 -su diseño cuenta con dibujos y trazos de su hija pequeña-, una estancia en la que, como el resto de las habitaciones, tiene el suelo trufado de hipotenusas, ecuaciones y versos, y estantes y paredes donde dormitan planisferios, escuadras, posters de los años 40 del siglo pasado y globos terráqueos. Sin duda, uno de los espacios más notorios del hotel y que más peso tienen en su carácter estudiantil es el restaurante "Cantina da Estrela". Porque los recuerdos de la época escolar también tienen sabor, lo que aquí se logra con platos como la crema de castañas con aceitunas y aceite de trufa o el *escondidinho* de rabo de toro. Con capacidad para 60 comensales, saborear las viandas que salen de la cocina dirigida por el chef Luís Casinhas en bancos de escuela y en un ambiente distendido retrotrae a los comedores estudiantiles. Tan original como la forma de pagar lo consumido: porque aquí el precio, partiendo de un mínimo y un máximo establecidos, lo decide el comensal en función de su satisfacción por la *clase magistral* de gastronomía que suponen los platos. Los clientes, a los que se les entrega una ficha para anotar su evaluación, hacen realidad el sueño de todo alumno: poner nota a su profesor —muy pocos pagan el precio mínimo, lo que es buena señal-, sin duda, el mejor acicate para mejorar, aprender y enseñar.

ECO-LODGE BREJEIRA

Un furgón de bomberos en el Algarve

Eco-Lodge Brejeira 🔢
8300 Silves (Algarve)
+351 919 376 502
info@eco-lodgebrejeira.com
www.eco-lodgebrejeira.com

Habitaciones y Tarifas
Dormir en el furgón
de bomberos tiene un
precio de 20, 30 o 35
€ por noche, según sea
temporada baja, media
o alta, respectivamente.
Alojarse en la caravana
o en la yurta cuesta 40,
50 o 60 € por noche, en
temporada baja, media o
alta, respectivamente. El
desayuno no está incluido
en el precio de la habitación
(7,5 € por persona).
Cierra entre diciembre
y mediados de abril.

Cómo Llegar
Viniendo por la A-22, coger
la salida dirección Silves.
Atravesar el pueblo y tomar
la carretera secundaria que
se adentra por el campo,
pasando por el Parque
Biológico, un lago artificial
y una granja, punto en el
que se toma el desvío a la
derecha. Pocos kilómetros
más adelante, un camino de
tierra conduce a Brejeira.

En el corazón del Algarve, a poca distancia de la espectacular sierra de Monchique y las bellas playas portuguesas, Claire y Sander, una familia de aventureros holandeses abrió, en 2010, un alojamiento ecológico de lo más original en el que, por lo pronto, no hay habitaciones. Porque los huéspedes que llegan hasta aquí deben escoger entre alquilar un furgón de bomberos, una coqueta yurta mongol o una caravana de estética clásica, desde cuyas ventanas se obtiene una magnífica vista de la sierra. "Queríamos ofrecer diferentes tipos de 'habitaciones', para que cada cual pudiera escoger la que mejor se adapte. Hemos vivido en todas y cada una tiene su encanto", explica Claire. Si hay uno de esos alojamientos *sui géneris* que destaca por su originalidad ése es, sin duda, el *fire-van*, que data de 1975. Es de origen alemán y fue utilizado durante muchos años como ambulancia de la brigada de bomberos. "Impresiona pensar en la cantidad de gente que debe haberse salvado gracias a los primeros auxilios recibidos en él", relata Sander.

A pesar de haber sido reformado por dentro y haberse convertido en una pequeña autocaravana con las facilidades básicas —dispone de cocina, nevera, cama doble y televisión— su gallarda silueta dibujada en el pequeño valle donde está situada no deja lugar a dudas: es un automóvil que podría contar muchas historias.

Aparte de ser una habitación de lo más especial, resulta el lugar de juegos ideal para los niños. Los inquilinos que deciden alquilar el furgón disponen de total autonomía, puesto que pueden preparar su propia comida (el uso del gas se cobra aparte) y disponen de su propio baño ecológico y ducha de agua fría situada bajo un señorial alcornoque, cuyas vistas bien valen la pena. Para los más frioleros, hay posibilidad de ducharse en la ducha de agua caliente de paneles solares que se encuentra a cinco minutos andando. Es el único pero a este lujo, aunque el contacto con la

naturaleza (también la privacidad) es impagable. Muchas familias deciden alquilar el furgón de bomberos junto a la yurta o a la caravana clásica. En este caso, los propietarios trasladan la furgoneta cerca del resto de los emplazamientos. La caravana es impresionante tanto por su estética clásica como por su cuidado interior. Tiene 50 años de antigüedad y su anterior propietario habitó en ella durante 15 años, recorriendo varios pueblos de Holanda junto a un grupo de artistas. Claire y Sander han conseguido convertirla en una coqueta casita de muñecas, conservando detalles originales y adaptándola a las necesidades de los clientes. No es una excepción. Cada mueble, cada detalle de los alojamientos de Eco-Lodge Brejeira ha sido fabricado por el matrimonio, cuyo principal interés es que los huéspedes sientan el contacto con la naturaleza pero con toda comodidad. "Nunca nos planteamos construir un hotel. Es algo que ha ido creciendo poco a poco. Vivir de la forma en que vivimos, rodeados por la naturaleza y respetando el medioambiente, es lo que deseamos compartir.

Por eso decidimos alumbrar este proyecto", explica Claire con una enorme sonrisa en los labios.

ACTIVIDADES

Los huéspedes son invitados a participar, cuando es la temporada, en la recolección del *medronho*, una hierba aromática típica del Algarve con la que se produce un potente aguardiente muy apreciado en la zona. Los anfitriones también ponen a disposición de los clientes su jardín de hortalizas, para que sientan el retorno a los orígenes labrando y sembrando.

COMENTARIOS DE LOS CLIENTES

"Éramos un grupo de cuatro amigos que esperábamos con impaciencia nuestra estancia en la 'fire-van' y en la yurta. ¡No nos decepcionó! El paisaje es impresionante, como si vivieras en otro mundo. ¡Sólo lamento que la ducha de mi casa no tenga sus vistas!".

"Recomendamos pasar una agradable estancia en Brejeira a aquellos que amen la tranquilidad, la naturaleza y el confort. Los precios son muy razonables".

TIPI ALGARVE

Un campamento indio con 'glamour'

TIPI ALGARVE 🔢
Portimão (Algarve)
+351 282 471 535
info@tipialgarve.com
www.tipialgarve.com

HABITACIONES Y TARIFAS
Se requiere una estancia mínima de siete noches durante el mes de agosto y de tres durante el resto del año. El tipi doble tiene un precio de 200 € por tres noches y el familiar, 300 €. Cada noche extra se incrementa en 85 € por tipi. Los niños menores de 12 años no pagan.

CÓMO LLEGAR
El aeropuerto de Faro está a 45 minutos por carretera de Portimão. Se debe seguir la autopista A-22 en dirección Lisboa hasta encontrar la salida 5 en dirección Portimão. Una vez llegado al pueblo, seguir hacia el interior por la carretera N-266 hasta encontrar las señales que indican la proximidad del campamento.

Si de pequeño disfrutó jugando a indios y vaqueros la mejor fórmula para recrearse en ese sueño infantil es —¡no hay duda!- este camping ecológico localizado en el Algarve portugués.

Cinco robustas y confortables tiendas indias, espaciosas y con capacidad para dos o tres personas, esperan en medio de una llanura rodeada por las montañas de la sierra de Moaniche para vivir durante unos días como un verdadero hijo de las praderas norteamericanas. "Es el tipo de vacaciones que te gustaría tener, disfrutando de la paz y de la tranquilidad y respetando el medioambiente", explica Calvin, propietario junto a Nadine de esta original propuesta de acampada. Ellos lo tienen claro. Tipi Algarve es especial "porque brinda la posibilidad de experimentar un estilo de vida alternativo más cercano a la naturaleza, ofreciendo a la vez una estancia de lo más *glamourosa*", proclaman. Se trata de una propuesta idónea para las familias, ya que los niños -hasta los 12 años el alojamiento es gratuito- disfrutan de lo lindo de la libertad que brinda una estancia en Tipi Algarve. "Los padres valoran el entorno seguro para sus hijos, combinado con la oportunidad de experimentar sensaciones al aire libre", explica Nadine, quien recuerda que los niños se hacen pronto amigos de los dos perros de la pareja, *Sunny* y *Chief*. No sólo los más pequeños disfrutan aquí de una vivencia especial. Para las parejas de recién casados que quieren celebrar una romántica y original luna de miel, Tipi Algarve ha dispuesto un tipi alejado del resto del campamento, decorado especialmente para la ocasión y en la que no falta la botella de *champagne* de rigor.

"La gente que se aloja en nuestro *glamping* (camping con *glamour*) acostumbran a ser amantes de la naturaleza concienciados por la ecología que buscan hospitalidad en un verde valle y un cielo azul despejado", añade Nadine, reconocida terapeuta que ofrece a los clientes la posibilidad de realizar cursos de yoga y otras terapias alternativas como masajes, meditación, reiki… Para hacer realidad ese sueño, los propietarios ponen a disposición de los huéspedes dos tipos de tiendas -dos de cinco metros de diámetro y otras dos de siete y medio- con cómodas camas dobles y posibilidad de incluir otra cama más. Todas incluyen ropa de cama, toallas, lámparas y un baúl para ordenar la ropa.

Los huéspedes comparten cocina y baño, mientras que Nadine y Calvin no desaprovechan la oportunidad de invitarles a abastecerse con productos frescos de su huerta, que pueden recolectar ellos mismos. Por las noches, el Tipi Lounge se llena de huéspedes que se acercan a tomar una copa de vino portugués mientras la música *chill-out* o el *reggae* se convierten en la banda sonora del ocaso. Una última curiosidad de Tipi Algarve: presenta una alternativa de vacaciones de lo más original como son las *working holidays.* ¿En qué consisten? En echar una mano a Nadine y Calvin durante los meses de verano, cuando hay más afluencia de público. Por sólo 140 € -esta fórmula incluye todas las comidas y el alojamiento- se pueden pasar dos semanas de vacaciones en las que los voluntarios se implican en la vida del campamento y ayudan en las tareas hosteleras, como hacer la comida, recolectar los vegetales del huerto o cuidar los animales. El horario es flexible y se trabajan cinco horas al día durante cinco días a la semana.

El resto del tiempo es libre para disfrutar del entorno o visitar los pueblos de los alrededores o las bellas playas de Portimão.

CRÉDITOS FOTOGRAFÍAS

© Hoteles

Fari / Hotel Mi Norte, Hotel Casa de Madrid, Casas Bioclimáticas ITER, Martín García / La Casa del Maestro, Ibiza Gran Hotel, Hotel Los Caracoles, Benito Tena / Arabia Riad, Marqués de Riscal, Cuevas Pedro Antonio de Alarcón, José Manuel Ayuda / Cueva Tardienta, La Casa del Miedo, Hotel de la Risa. El Quinto Pino, Manolo Yllera / Rusticae, La Parada del Comte, Altiplano Tipis, Aldeia Sao Gregório, Hotel 1898, Gran Hotel Domine, El Milano Real, Utopía, Quinta da Arte, Vincci Hoteles / Vincci Capitol, Juan A. Castillo / Vagón Rural, Casas Karen, Hotel da Estrela, Grandvalira, Tximista, Tipi Algarve, Palacio de los Condes, Cabanes als Arbres, Claris Barcelona, The Hoopoe Yurt Hotel, Andrea Cauli / El Añadío, Semáforo de Bares, Hotéis Alexandre de Almeida, Lda. / Bussaco Palace, Palloza Baltasar, Hotel Palacio Guenduláin, Jos Heijs / Casa del Mundo, Estela Sitges, Joris van Egmond / Eco Lodge Brejeira, Casa Rural Vía de la Plata, Molino de Tresgrandas, Hans / Sunborn International, Pere Peris / Barcelo Plaza Sants, Andrés Campos / O Semaforo, La Coruña, Foto Domingo / Plaza de Toros, Almadén, Miquel Coll Molas / Mandarín Oriental Barcelona, Harold Naaijer / Quinta dos Moinhos, Joan Ginestar / Refugio Marnes, José Manuel Bielsa / Hotel Viura, Rafael Vargas / Palace Barcelona, Rafael Vargas / Puerta América, Rafael S.M. / Hotel Mi Norte, Matthias Kuhn / Klaus Siepmann / Isla Tagomago, Jesús Cano / Roger Méndez / Le Meridian Ra, Ronn Ballantyne / Lanzarote Retreats, AccuSoft Co. / Castillo del Buen Amor, AccuSoft Inc. / Consolación, Caplio GX / Castillo de la Isla de Burguillo, Croma Fotógrafos / El Palacete, Juan Gavilán / Carlos Spottorno / Formentor, Uschi Burger-Precht / Cap Rocat, José Luis Martínez / Axel Bcn, Agustín Sagasti / Astoria 7.

© Oscar Elias Auad

La Casa del Maestro (Sevilla), Amadeus (Sevilla), Marqués de Riscal (La Rioja), Les Cols (Olot), Cuevas Pedro Antonio de Alarcón (Granada), Cueva Tardienta (Los Monegros), EME (Sevilla), Aire de Bárdenas (Navarra), Hotel 1898 (Barcelona), L'Estació (Bocairent), El Milano Real (Ávila), El Palacete (La Rioja), Urban (Madrid), Circo Raluy (Barcelona), Monasterio Poblet (Cataluña), Punta Grande (El Hierro), Tximista (Navarra), Plaza de Toros de Almadén, Puerta América (Madrid), Can Fabes (Sant Celoni), Axel (Barcelona), Estela (Sitges).

AGRADECIMIENTOS

Gracias a los numerosos propietarios, mánager y fotógrafos que han contribuido a que esta guía sea una realidad. A Ana Doreste y Myriam Santana, de Turismo de Canarias, por su apoyo logístico en nuestra escapada a las Islas Afortunadas. Un agradecimiento especial a la colaboración de Marta Carrera, Maribel Herruzo y Xavi Díaz, sin cuyas agudas reflexiones y valoraciones no existirían muchas de las reseñas de esta guía. Gracias también a Juana Fernández, de Público y Notorio, sin cuyo apoyo nunca podríamos haber iniciado este proyecto. Tampoco podemos obviar la inagotable paciencia y contribución de la fotógrafa Rosmi Duaso en la edición fotográfica y a Fátima Magalhães, de aicep Portugal Global, por sus valiosas sugerencias sobre algunos de los hoteles portugueses reseñados. Y, cómo olvidar al prestigioso chef Santi Santamaría, quien meses antes de su repentino fallecimiento nos descubrió él mismo los secretos de las singulares habitaciones de su restaurante Can Fabes. Por último, cómo no, gracias a Thomas Jonglez y a su equipo editorial por su confianza y paciencia demostrada durante la realización de esta guía.

Cartografía: Jean-Baptiste Neny
Diseño: Roland Deloi, Valérie Jelger y Romaine Guérin
Maquetación: Stéphanie Benoit
Corrección de estilo: Patricia Peyrelongue

© JONGLEZ 2011
Depósito legal: Octubre 2011 – Edición: 01
ISBN: 978-2-9158-0788-2
Impreso en Francia por Gibert-Clarey
37 170 CHAMBRAY-LES-TOURS